DIGITALISIERUNG

IM KLARTEXT

VON AVATAR BIS WEARABLES:
143 BEGRIFFE EINFACH ERKLÄRT

Celina Kahl & Heiko Kahl

Text: Celina Kahl & Heiko Kahl
Covergestaltung: Verlagshaus Schlosser
Umschlagabbildung: Celina Kahl & Heiko Kahl
Satz und Layout: Verlagshaus Schlosser
ISBN 978-3-7581-0060-4
Druck: Verlagsgruppe Verlagshaus Schlosser
D-85652 Pliening • www.schlosser-verlagshaus.de

Printed in Germany

VORWORT

WERTE LESERINNEN UND LESER,

die digitale Revolution hat die Welt, wie wir sie kennen, in einem atemberaubenden Tempo verändert. Ob im Bereich der Arbeitswelt, der Kommunikation oder der Bildung, digitale Technologien haben sich in unserem Alltag fest etabliert. Doch mit dem Fortschritt kommen auch viele neue Begrifflichkeiten und Konzepte auf, die auf den ersten Blick nicht immer so leicht zu verstehen sind. In diesem Buch laden wir Sie ein, sich auf eine faszinierende Reise durch das digitale Zeitalter zu begeben.

Die Texte sind eine Sammlung von Gedanken, Beobachtungen und Perspektiven, die in einer Welt entstanden sind, in der Bits und technologische Innovationen den Ton angeben. Sie werden von uns auf eine Reise in die Welt der Algorithmen, der künstlichen Intelligenz, der sozialen Medien und des Internets der Dinge eingeladen. Mit diesem Buch werden sie in die Tiefen der digitalen Transformation eintauchen, die unsere Gesellschaft, Wirtschaft und Kultur umgekrempelt hat.

Unser Ziel ist es, Ihnen eine verständliche Darstellung der Digitalisierung zu bieten, die Ihnen dabei hilft, den technischen Jargon zu verstehen und die Vor- und Nachteile der Digitalisierung besser einschätzen zu können. Egal, ob Sie sich für digitale Technologien interessieren oder einfach nur mehr darüber erfahren möchten, wie diese unser Leben beeinflussen, dieses Buch ist für jeden geeignet, der seine Kenntnisse über die Digitalisierung erweitern möchte.

Es werden nicht nur die technischen Aspekte beleuchtet, sondern auch deren soziale, kulturelle und wirtschaftliche Auswirkungen erforscht. Sie werden feststellen, dass die Digitalisierung nicht nur eine Frage der Technik ist, sondern vielmehr eine Frage des Wandels, der Verantwortung und der Gestaltung unserer Zukunft.

Die Texte wurden in der Tageszeitung „Thüringer Allgemeine" wöchentlich veröffentlicht und von der Traeno GmbH in einer Rubrik publiziert, die den Leserinnen und Lesern die verschiedenen Begriffe und Thematiken der Digitalisierung näherbringen sollte.

Auf Fußnoten und Quellenverweise wurde durchweg verzichtet, da wir unsere Priorität auf attraktive Lesbarkeit und Allgemeinverständlichkeit gelegt haben.

Wir hoffen, dass Ihnen dieses Buch dabei hilft, das nötige Grundlagenwissen aufzubauen und Sie inspiriert, sich weiter mit der Thematik rund um die Digitalisierung auseinanderzusetzen.

Die Zukunft ist digital und sie ist das, was wir gemeinsam daraus machen.

Mit besten Grüßen,

Celina Kahl & Heiko Kahl

INHALTSVERZEICHNIS

2FA - ZWEI FAKTOR AUTHENTIFIZIERUNG

Zwischen einem Angreifer und einem Account stehen oft nur ein Benutzername und ein Passwort. Ist das Passwort erst einmal herausgefunden, was bei über 90% der Passwörter unter Umständen nur ein paar Minuten dauert, behindert den Hacker nichts mehr und macht den Weg frei für Finanzbetrug und Identitätsdiebstahl.

Insbesondere wenn es um sensible Daten geht, sollte man auf die Zwei-Faktor-Authentifizierung, kurz 2FA, setzen. Aber was genau ist das und welche Technik steckt dahinter? Die 2FA wird mittlerweile von vielen Online-Dienstleistern in zahlreichen Varianten angeboten, einige ersetzen das Log-In mit Passwort komplett durch eine direkte Kombination zweier Faktoren - andere ergänzen es um einen zusätzlichen Faktor.

Die meisten der üblichen Zwei-Faktor-Methoden verwenden nach der Passwortabfrage externe Systeme, um die zweistufige Überprüfung des Nutzers durchzuführen. Das kann bedeuten, dass der Betreiber, bei dem man sich anmelden möchte, einen Bestätigungscode an ein weiteres Gerät, zum Beispiel das Smartphone, sendet.

Inzwischen werden drei marktfähige Authentifizierungsverfahren unterschieden. Zum einen spezielle Hardware, dazu zählt beispielsweise eine Bankkarte oder ein Sicherheitstoken. Die zweite Form der 2FA kann individuelles Wissen, wie eine PIN oder ein biometrisches Erkennungsmerkmal, wie der Fingerabdruck oder die Iris sein. Und schließlich kann die 2FA auch über spezielle Apps auf dem Smartphone durchgeführt werden.

Wichtig ist, dass die Faktoren aus unterschiedlichen Kategorien stammen - also eine Verknüpfung aus Wissen, Besitz oder Biometrie angewendet wird.

Klingt komplizierter als es ist, denn Sie setzen das Verfahren schon sehr häufig im Alltag ein. Beispielsweise wird die 2FA verwendet, wenn Sie beim Einkaufen mit einer EC-Karte bezahlen.

Der erste Faktor ist die Karte selbst und der zweite die Unterschrift oder die Geheimzahl, die eingegeben werden muss. Auch das Online-Banking, bei dem pro Überweisung eine TAN benötigt wird und das Programm ELSTER, mit dem man digital seine Steuererklärung einreichen kann, sind typische Beispiele für die 2FA im Alltag.

Einer der Mängel an der 2FA ist, dass die zusätzliche Sicherheit zulasten des Komforts geht.

Gleichwohl hält doppelt besser und die 2FA sollte auf keinen Fall deaktiviert werden. Auch wenn es keinen zusätzlichen zweiten Faktor gibt, welcher allein hundertprozentige Sicherheit garantiert, ist er eine wichtige zusätzliche Sicherheitsebene gegen Angreifer.

50 JAHRE DISKETTE

Vor 50 Jahren, in einer Zeit, als Computer noch ganze Räume einnahmen, wurde ein kleines, quadratisches Objekt eingeführt, das die Welt der Datenverwaltung revolutionieren sollte: die Diskette.

Die Diskette, auch bekannt als Floppy Disk, war eine bahnbrechende Erfindung. Sie bot eine tragbare und wiederbeschreibbare Lösung zur Datenspeicherung, die den Austausch von Informationen zwischen Computern ermöglichte. Mit ihrer Einführung begann das Zeitalter der Personal Computer.

Im Laufe der Jahre entwickelte sich die Diskette weiter. Von den ursprünglichen 8-Zoll-Disketten, die nur 80 Kilobyte speichern konnten, bis hin zu den 3,5-Zoll-Disketten der 90er Jahre mit einer Speicherkapazität von 1,44 Megabyte. Diese Entwicklung spiegelt den rasanten Fortschritt der Digitalisierung wider.

Die Diskette war ein Symbol für die Digitalisierung. Sie ermöglichte es den Menschen, ihre Arbeit zu digitalisieren, Daten zu teilen und Software zu installieren. Sie war ein wesentlicher Bestandteil der Computerrevolution und ebnete den Weg für das digitale Zeitalter.

Heute, 50 Jahre später, sind Disketten fast vollständig aus unserem Alltag verschwunden, ersetzt durch modernere Speichermedien wie USB-Sticks, SD-Karten und Cloud-Speicher. Aber die Rolle, die sie bei der Förderung der Digitalisierung gespielt haben, kann nicht unterschätzt werden.

Die Diskette mag veraltet sein, aber ihr Erbe lebt weiter. Sie war ein Meilenstein auf dem Weg zur Digitalisierung, der uns zu der vernetzten Welt geführt hat, in der wir heute leben. So wie die Diskette einst die Zukunft der Datenspeicherung darstellte, fragen wir uns nun, was die nächste bahnbrechende Technologie sein wird. Eines ist sicher: Die Reise der Digitalisierung ist noch lange nicht zu Ende.

Obwohl die Diskette heute weitgehend aus unserem Alltag verschwunden ist, hat sie einen bleibenden Einfluss auf die Art und Weise, wie wir Daten speichern und teilen. Die heutigen Speichermedien, ob physisch oder in der Cloud, sind direkte Nachkommen der Diskette. Sie haben die gleiche grundlegende Funktion - die Speicherung und den Austausch von Daten - aber sie tun dies auf eine viel effizientere und umfangreichere Weise.

Die Diskette mag veraltet sein, aber ihr Erbe lebt weiter. Sie war ein Meilenstein auf dem Weg zur Digitalisierung, der uns zu der vernetzten Welt geführt hat, in der wir heute leben. So wie die Diskette einst die Zukunft der Datenspeicherung darstellte, fragen wir uns nun, was die nächste bahnbrechende Technologie sein wird. Eines ist sicher: Die Reise der Digitalisierung ist noch lange nicht zu Ende.

Sie lesen richtig, es geht heute nicht nur um 5G, sondern auch schon um 6G. Denn während gerade erst das 5G Mobilfunknetz aufgebaut wird, beschäftigen sich die Telekommunikationsunternehmen und wissenschaftliche Institute schon mit 6G, der sechsten Mobilfunkgeneration.

Angefangen hat alles 1958 mit dem sogenannten A-Netz und bezeichnete das analoge Autotelefon. Seit 1992 gibt es die zweite Generation des Mobilfunkstandards, mit denen erstmals mobile Datenübertragungen möglich waren.

2G und ab 2004 3G Technologien waren für die Übertragung von Text- und Sprachsignalen gedacht, mit LTE (4G) kam 2010 erstmals ein Mobilfunkstandard für die mobile Internetnutzung mit hohen Übertragungsraten zum Einsatz.

Nun reden alle von 5G und viele Menschen im Land fragen sich, warum man das eigentlich braucht.

Der Vorteil von 5G gegenüber 4G sind die hohen Übertragungsraten von bis 10 Gigabit pro Sekunde (Gbit/s) und eine sehr niedrige Latenz, d.h., die Zeit vom Senden eines Signals bis zur entsprechenden Antwort. Bei der Übertragungsrate kann man sich als praktisches Beispiel vorstellen, dass bei einer 50 Mbit DSL-Leitung der Download von 5 Gigabyte Daten ca. eine Viertelstunde und mit 5G nur ein paar Sekunden beträgt. Die niedrige Latenz wirkt sich im Moment noch weniger auf den Privatnutzer aus als vielmehr auf praktische Prozesse in der Industrie, des Verkehrs oder der Landwirtschaft.

Gerade hier stellt 5G einen digitalen Quantensprung dar und revolutioniert die Kommunikation zwischen Maschinen, Geräten und Fahrzeugen. Insbesondere betrifft das die Industrie mit Robotereinsätzen, Multiplayer Gaming erlebt eine neue Qualität und das vernetzte Fahren kann endlich Wirklichkeit werden.

Denn gerade hier werden Signalübertragungen in Echtzeit notwendig sein, müssen doch Fahrzeuge in dem immer dichter werdenden Verkehr digital besser reagieren können, als das der Mensch dies vermag.

5G bietet aber noch weitere Vorteile, wie zum Beispiel den niedrigeren Energieverbrauch oder stabilere Verbindungen.

Die neuen 5G Antennen senden ihre Signale nicht mehr permanent und kreisförmig, sondern richten sich direkt auf den Nutzer aus und senden bedarfsgerecht.

Mit 6G werden ab ca. 2030 noch höhere Datenübertragungen von bis zu 1 TBit (1.000 Gbit) und eine Latenz von nur 100 Mikrosekunden (0,0001 Sekunden) möglich sein.

Damit werden dann endgültig das vernetzte Fahren, die Tele-Chirurgie und industrielle Einsätze von Assistenzrobotern möglich.

ADVANCED PERSISTENT THREATS (APT)

In einer zunehmend digitalisierten Welt sind Advanced Persistent Threats (APT), auf deutsch fortgeschrittene, andauernde Bedrohungen, zu einer der größten Bedrohungen für Unternehmen und Organisationen geworden. Diese Art von Cyberangriffen ist besonders gefährlich, da sie darauf abzielen, unbemerkt in Netzwerke einzudringen, Daten zu sammeln und schließlich zu stehlen oder zu manipulieren. Schadsoftwaren werden dabei gezielt in einem Netzwerk platziert, um Daten zu sammeln, die dann an die Server der Hacker gesendet werden oder andere Schäden anrichten.

Jedes Jahr entstehen mehr als 200 Milliarden Euro an Schäden durch Cyberangriffe auf Unternehmen in Deutschland. APT ist dabei keine Neuheit. Bereits in den 80er-Jahren gab es den sogenannten KBG-Hack, der die Definition des APT erfüllt. Bei diesem Angriff haben sich die Angreifer in diverse Computernetze gehackt, Daten gesammelt und diese dann an den KGB verkauft.

Ein APT-Angriff beginnt typischerweise mit einer Phishing-E-Mail oder einem anderen Trick, um den Empfänger dazu zu bringen, einen bösartigen Link zu öffnen oder eine infizierte Datei herunterzuladen. Sobald das Netzwerk infiziert ist, beginnt der Angreifer, sich durch das System zu bewegen und Zugriff auf immer mehr Bereiche zu erlangen. Dabei wird oft gezielt nach sensiblen Daten gesucht, die für die Organisation von besonderem Wert sind.

Was APT-Angriffe so gefährlich macht, ist ihre Hartnäckigkeit und ihr Durchhaltevermögen. Die Angreifer sind in der Regel hochqualifizierte Hacker mit viel Erfahrung und Ressourcen. Sie nehmen sich oft Monate oder sogar Jahre Zeit, um das Zielnetzwerk zu infiltrieren und zu studieren, bevor sie aktiv werden. Während dieser Zeit können sie Daten sammeln, Spuren verwischen und sich gegen Abwehrmaßnahmen immunisieren.

Es gibt jedoch Möglichkeiten, sich gegen APT-Angriffe zu schützen. An erster Stelle technische Einrichtungen wie Firewalls, aber viel wichtiger sind regelmäßige Schulungen und Sensibilisierungsmaßnahmen für die Mitarbeiter.

Zusätzlich kann eine sorgfältige Überwachung des Netzwerks helfen, verdächtige Aktivitäten frühzeitig zu erkennen und darauf zu reagieren.

Insgesamt bleibt die Bedrohung durch Advanced Persistent Threats eine ernsthafte Gefahr für Organisationen jeder Größe und Branche. Aber indem man sich bewusst ist, wie diese Angriffe funktionieren und welche Maßnahmen zum Schutz ergriffen werden können, senken Unternehmen das Risiko, davon betroffen zu sein.

AGILES ARBEITEN

Agiles Arbeiten ist ein Ansatz, der Flexibilität, Anpassungsfähigkeit und kontinuierliche Verbesserung in den Mittelpunkt stellt. Es ist eine Reaktion auf die zunehmende Komplexität und Dynamik der Arbeitswelt und zielt darauf ab, schneller und effektiver auf Veränderungen reagieren zu können.

Es basiert auf den Prinzipien des Agilen Manifests, das 2001 von einer Gruppe von Softwareentwicklern verfasst wurde. Die vier zentralen Werte des Manifests sind: Individuen und Interaktionen über Prozesse und Werkzeuge, funktionierende Produkte über umfassende Dokumentation, Zusammenarbeit mit dem Kunden über Vertragsverhandlungen und Reaktion auf Veränderungen über das Befolgen eines Plans.

In der Praxis bedeutet agiles Arbeiten, dass Teams selbstorganisiert und eigenverantwortlich arbeiten. Sie planen ihre Arbeit in kurzen, iterativen Zyklen, sogenannten Sprints und treffen regelmäßig zusammen, um ihre Fortschritte zu überprüfen und ihre Pläne anzupassen. Sie streben danach, kontinuierlich Wert zu liefern und ihre Arbeit ständig zu verbessern.

Es wird eine offene und vertrauensvolle Unternehmenskultur benötigt. Es erfordert Führungskräfte, die ihre Teams unterstützen und befähigen, anstatt sie zu kontrollieren. Es erfordert auch eine Bereitschaft, Risiken einzugehen und Fehler als Lernmöglichkeiten zu sehen.

Agiles Arbeiten bietet viele Vorteile. Es kann zu höherer Produktivität, besserer Qualität, größerer Kundenzufriedenheit und höherer Mitarbeiterzufriedenheit führen. Aber es ist kein Allheilmittel und es ist nicht für jede Organisation oder jedes Projekt geeignet. Es erfordert eine sorgfältige Überlegung und Anpassung an den spezifischen Kontext.

Ein zentraler Aspekt des agilen Arbeitens ist die kontinuierliche Verbesserung. Agile Teams streben danach, ihre Arbeitsweisen ständig zu hinterfragen und zu verbessern. Sie nutzen Retrospektiven, um zurückzublicken und zu lernen, und sie sind offen für Feedback und Kritik.

Es erfordert aber auch eine hohe Flexibilität. Agile Teams sind in der Lage, schnell auf Veränderungen zu reagieren, sei es durch veränderte Kundenanforderungen, neue technologische Entwicklungen oder unvorhergesehene Herausforderungen. Sie sind bereit, ihre Pläne zu ändern und neue Wege zu gehen, wenn die Umstände dies erfordern.

Schließlich spielt Vertrauen eine zentrale Rolle im agilen Arbeiten. Agile Teams basieren auf gegenseitigem Vertrauen und Respekt. Sie teilen Verantwortung und Entscheidungsbefugnis und unterstützen sich gegenseitig in ihrer Arbeit.

API

Haben Sie sich je gefragt, wie Ihre Lieblings-Apps nahtlos miteinander kommunizieren können? Oder wie es möglich ist, dass Sie sich mit Ihrem Google-Konto bei verschiedenen Websites anmelden können? Die Antwort liegt in den Application Programming Interfaces, kurz APIs.

APIs sind eine Sammlung von Regeln und Protokollen zur Integration und Entwicklung von Softwareanwendungen – also eine Programmierschnittstelle, durch die unabhängige Anwendungen miteinander kommunizieren und Daten austauschen können. Stellen Sie sich eine API wie eine Art Dolmetscher vor, der sicherstellt, dass verschiedene Anwendungen die gleiche Sprache sprechen können, um Informationen auszutauschen und Aufgaben auszuführen. Der Datenaustausch wird so um ein Vielfaches vereinfacht und beschleunigt.

Auch bei der Verwendung der Wetter-App auf dem Smartphone kommen sie zum Einsatz. Die App bezieht ihre Wetterdaten nicht aus einer magischen Quelle, sondern sie greift auf eine Wetter-API zurück. Wenn Sie die App öffnen und nach dem aktuellen Wetter in Erfurt suchen, sendet die App eine Anfrage an die Wetter-API. Diese verarbeitet die Anfrage und sendet die entsprechenden Wetterdaten zurück an die App, die dann auf dem Smartphone angezeigt werden.

Ihre Wichtigkeit wird schnell deutlich. Durch die Interoperabilität wird die Entstehung von Anwendungen beschleunigt, wodurch Zeit und Ressourcen eingespart werden können. Dazu wird die Effizienz gesteigert, durch die entstehende Automatisierung von Prozessen. Sie sind außerdem entscheidend für das Wachstum von Unternehmen, da Dienste und Produkte so skalierbarer gemacht werden.

Beispiele für APIs in Aktion gibt es viele. Sie werden viel in den sozialen Medien eingesetzt, wodurch ermöglicht wird, dass man sich auf den verschiedenen Websites anmelden und nahtlos Inhalte teilen kann. Im E-Commerce nutzen Einzelhändler sie, um Versandinformationen abzurufen, Zahlungen zu verarbeiten und Lagerbestände zu überwachen – auch die Bezahlung mit Paypal greift auf eine API zurück. Buchungsseiten für Reisen beziehen Daten von verschiedenen APIs, um die aktuellen Verfügbarkeiten und Preise anzuzeigen.

Die Bedeutung von APIs wird in der Zukunft auch noch weiter zunehmen. Mit dem Aufkommen von Technologien, wie dem Internet der Dinge und KI, werden APIs eine Schlüsselrolle bei der Verbindung von Geräten und Anwendungen spielen. Auch wenn die meisten Menschen nie direkt mit ihnen interagieren, sind sie dennoch ein integraler Bestandteil unseres digitalen Lebens.

ARTIFICIAL INTELLIGENCE ACT

Seit ChatGPT sind KI-Systeme in aller Munde und werden entweder verteufelt oder als Heilsbringer der Menschheit gesehen. Da es KI-Systeme aber schon länger gibt und die Europäische Kommission hier Regelungsbedarf sieht, wurde im April 2021 nach langen Verhandlungen der sogenannte Artificial Intelligence Act (AIA) veröffentlicht.

Er ist eine wichtige Initiative, um sicherzustellen, dass Künstliche Intelligenz (KI) in Europa verantwortungsvoll und transparent eingesetzt wird. Der AIA legt Regeln für die Entwicklung, den Verkauf und die Nutzung von KI in der EU fest und soll uns alle vor negativen Auswirkungen schützen.

Ein wichtiger Aspekt des AIA ist die Klassifizierung von KI-Systemen. Sie werden in vier Klassen, die von „unerheblichem Risiko" bis hin zu „hohem Risiko" reichen, eigeteilt. KI-Systeme mit hohem Risiko müssen bestimmte Anforderungen erfüllen, um in der EU eingesetzt werden zu dürfen. Dazu gehört beispielsweise eine Risikobewertung, die sicherstellt, dass die Funktionsweisen der jeweiligen KI verständlich und nachvollziehbar sind.

Der Entwicklungscode muss offengelegt werden und natürlich müssen alle KI-Systeme die Regeln von Ethik und Datenschutz einhalten.

Kritische KI-Systeme, die in der öffentlichen Sicherheit und im Gesundheitswesen eigesetzt werden, unterliegen besonderen Überprüfungen. Hierzu zählen z.B. Systeme zur Diagnose von Krankheiten oder zur Steuerung von Verkehrssystemen.

Der AIA setzt auch klare Grenzen für den Einsatz von biometrischen Daten. Biometrische Daten sind persönliche Daten, die durch die Analyse von körperlichen Merkmalen gewonnen werden, wie z.B. die Gesichtserkennung. Der AIA schränkt diesen Einsatz stark ein und fordert eine ausdrückliche Zustimmung der betroffenen Person.

Ein weiteres wichtiges Element des AIA ist die Schaffung eines zentralen Registers für KI-Systeme. In diesem Register werden alle KI-Systeme erfasst, die in der EU eingesetzt werden. Dadurch wird die Überwachung und Kontrolle von KI-Systemen erleichtert und die Transparenz erhöht.

Allerdings gibt es auch Bedenken, dass der AIA Innovationen im Bereich der KI behindern könnte. Es ist wichtig, dass eine solche Gesetzgebung die Entwicklungen nicht einschränkt. Fakt ist, dass KI unser Leben einfacher und sicherer machen, sie aber auch sehr missbräuchlich eingesetzt werden kann. Letztendlich wird sich zeigen, ob mit dem AIA die europäischen Unternehmen eher behindert oder gefördert werden und wie effektiv er durchsetzbar sein wird.

AUDIT

Vertrauen ist gut, Kontrolle ist besser. Diesen Spruch haben Sie wahrscheinlich schon häufiger gehört. In diesem Zusammenhang spielen Audits eine wichtige Rolle. Ob in Unternehmen, Behörden oder Non-Profit-Organisationen - sie sind der Schlüssel zur Sicherstellung von Integrität, Compliance und Qualität.

Ein Audit ist ein Untersuchungsverfahren aus dem Bereich des Qualitätsmanagements. Es ist im Grunde genommen eine systematische Überprüfung von Prozessen und den geforderten Standards, Finanzen oder Compliance-Richtlinien.

Audits ermöglichen es Unternehmen, sicherzustellen, dass die internen Abläufe den festgelegten Standards entsprechen und helfen dabei die potenziellen Risiken aufzudecken, bevor sie zu ernsthaften Problemen werden. Die Prüfung obliegt einem speziell ausgebildeten Auditor, anhand von Checklisten und standardisierten Prüfpunkten.

Ein Hauptanliegen ist dabei die finanzielle Integrität. Unternehmen müssen sicherstellen, dass ihre Buchführung genau ist und den geltenden Vorschriften entspricht. Dies ist nicht nur für das Unternehmen selbst von Bedeutung, sondern auch für Gläubiger, Investoren und die breite Öffentlichkeit, die Vertrauen in die Wirtschaft und den Finanzmarkt haben müssen.

Darüber hinaus sind Audits auch ein Werkzeug zur Sicherstellung von Qualitätsstandards. In Branchen wie der Lebensmittelindustrie oder der Pharmazie können Auditoren sicherstellen, dass Produkte den höchsten Qualitätsanforderungen entsprechen und sicher für den Verbraucher sind. Audits treten in drei Hauptarten auf: interne Audits, externe Audits und

Audits des Internal Revenue Service, kurz IRS. Erstere werden von Mitarbeitern oder externen Beauftragten durchgeführt, während zweitere von einer externen Stelle veranlasst werden, zum Beispiel von einer Aufsichtsbehörde.

Aber Audits sind nicht nur auf die Geschäftswelt beschränkt. Regierungsbehörden führen sie durch, um sicherzustellen, dass öffentliche Mittel ordnungsgemäß verwendet werden und keine Verschwendung oder Missbrauch vorliegt. Non-Profit-Organisationen unterziehen sich freiwilligen Audits, um sicherzustellen, dass Spenden und Fördermittel im Sinne ihrer Mission verwendet werden.

Es ist jedoch wichtig zu betonen, dass Audits nicht nur auf die Aufdeckung von Fehlern oder Problemen abzielen. Sie sind auch eine Gelegenheit zur Verbesserung. Indem sie Schwachstellen aufdecken, geben Audits Organisationen die Möglichkeit, ihre Prozesse und Verfahren zu optimieren, um zukünftige Probleme zu vermeiden.

AUGMENTED REALITY

Augmented Reality, kurz AR, ist eine aufstrebende Technologie, die die Grenzen zwischen der physischen und der digitalen Welt verwischt. Durch das Überlagern von digitalen Informationen auf unsere physische Umgebung ermöglicht AR eine neue Art der Interaktion mit der Welt um uns herum.

Ein bekanntes Beispiel ist das beliebte Smartphone-Spiel "Pokémon Go", bei dem Spieler digitale Kreaturen in ihrer realen Umgebung "fangen" können. Aber AR hat das Potenzial, weit über Spiele hinauszugehen und in Bereichen wie Bildung, Gesundheitswesen, Einzelhandel und Fertigung eingesetzt zu werden.

In der Bildung können AR-Anwendungen den Lernprozess interaktiver und ansprechender gestalten. Zum Beispiel können Schüler das menschliche Skelett in 3D betrachten oder historische Ereignisse in ihrer realen Umgebung nacherleben. Dies kann das Verständnis und die Begeisterung für das Lernen erhöhen und zu besseren Lernergebnissen führen.

Im Gesundheitswesen kann AR Ärzten helfen, komplexe Operationen durchzuführen, indem es ihnen ermöglicht, wichtige Informationen direkt in ihr Sichtfeld zu projizieren. Es kann auch bei der Rehabilitation von Patienten helfen, indem es virtuelle Übungen und Feedback bietet. Dies kann die Genauigkeit von Operationen verbessern und die Genesungszeit verkürzen.

Im Einzelhandel können Kunden mit AR-Apps Produkte ausprobieren, bevor sie sie kaufen. Zum Beispiel können sie sehen, wie ein Möbelstück in ihrem Wohnzimmer aussehen würde oder wie eine Brille zu ihrem Gesicht passt. Dies kann das Einkaufserlebnis verbessern und zu höheren Verkaufszahlen führen.

In der Fertigung können AR-Tools den Arbeitern helfen, komplexe Aufgaben effizienter zu erledigen.

Trotz des enormen Potenzials von AR gibt es auch Herausforderungen. Dazu gehören technische Probleme, Datenschutzbedenken und die Notwendigkeit, Benutzererfahrungen zu schaffen, die sowohl nützlich als auch angenehm sind. Es ist wichtig, dass diese Probleme angegangen werden, um das volle Potenzial von AR zu nutzen.

Insgesamt steht AR noch am Anfang seiner Entwicklung, aber es ist klar, dass es das Potenzial hat, unsere Interaktion mit der Welt grundlegend zu verändern. Es ist eine aufregende Zeit für diese aufstrebende Technologie, und es wird interessant sein zu sehen, wie sie sich in den kommenden Jahren entwickelt.

AUTONOMES FAHREN

Autonomes Fahren, auch bekannt als selbstfahrende Autos, ist eine Technologie, die das Potenzial hat, die Art und Weise, wie wir reisen und transportieren, grundlegend zu verändern. Durch den Einsatz von fortschrittlichen Sensoren, Künstlicher Intelligenz und Maschinellem Lernen können autonome Fahrzeuge ihre Umgebung wahrnehmen, Entscheidungen treffen und ohne menschliches Eingreifen navigieren.

Ein großer Vorteil des autonomen Fahrens ist die Verbesserung der Verkehrssicherheit. Menschliches Versagen ist die Hauptursache für Verkehrsunfälle und autonome Fahrzeuge haben das Potenzial, menschliche Fehler zu eliminieren. Sie können nicht abgelenkt, müde oder betrunken sein und sind immer in der Lage, schnell und präzise auf Verkehrssituationen zu reagieren.

Darüber hinaus kann autonomes Fahren die Effizienz des Verkehrs verbessern. Autonome Fahrzeuge können in engerem Abstand und mit konstanter Geschwindigkeit fahren, was den Verkehrsfluss verbessert und Staus reduziert. Sie können auch optimal Routen planen und Energie effizienter nutzen.

Autonomes Fahren könnte auch die Mobilität für Menschen verbessern, die derzeit nicht fahren können, wie ältere Menschen, Menschen mit Behinderungen oder Kinder. Es könnte auch neue Geschäftsmodelle ermöglichen, wie Mobilitätsdienstleistungen auf Abruf.

Ein weiterer wichtiger Aspekt des autonomen Fahrens ist die Vernetzung. Autonome Fahrzeuge können miteinander und mit der Infrastruktur kommunizieren, um Informationen über Verkehrsbedingungen, Unfälle und andere relevante Daten auszutauschen. Dies kann die Sicherheit und Effizienz des Verkehrs weiter verbessern.

Die Entwicklung von autonomen Fahrzeugen erfordert auch erhebliche Fortschritte in der KI und im Maschinellen Lernen. Autonome Fahrzeuge müssen in der Lage sein, komplexe und unvorhersehbare Verkehrssituationen zu bewältigen, und sie müssen lernen, menschliche Fahrer und Fußgänger zu "verstehen" und vorherzusagen.

Trotz dieser Vorteile gibt es auch Herausforderungen bei der Implementierung des autonomen Fahrens. Dazu gehören technische Herausforderungen, rechtliche und regulatorische Fragen, ethische Bedenken und die Akzeptanz durch die Öffentlichkeit.

Insgesamt steht das autonome Fahren noch am Anfang seiner Entwicklung, aber sein Potenzial ist enorm. Es ist eine aufregende Zeit, in der wir Zeugen einer technologischen Revolution sind, die das Potenzial hat, unser Leben auf tiefgreifende und unvorstellbare Weise zu verändern.

AVATAR

Ein Avatar ist eine digitale Repräsentation einer Person in einer virtuellen Welt oder einem digitalen Kontext. Ursprünglich aus der hinduistischen Tradition stammend, wo das Wort "Avatar" die irdische Manifestation einer Gottheit bezeichnet, hat es in der digitalen Ära eine neue Bedeutung erlangt.

In der digitalen Welt ist ein Avatar oft ein grafisches Bild, das eine Person repräsentiert. Es kann so einfach sein wie ein Profilbild auf einer Social-Media-Plattform oder so komplex wie ein dreidimensionales Modell in einem Videospiel oder einer virtuellen Realität. Forscher haben bedeutende Fortschritte in diesem Bereich erzielt und neue Möglichkeiten aufgezeigt, wie aus einfachen Beschreibungen oder einzelnen Bildern hochdetaillierte und animierte 3D-Modelle von Menschen erzeugt werden können.

Die Digitalisierung hat die Rolle und Bedeutung von Avataren erheblich beeinflusst. Mit dem Aufkommen von Social Media, Online-Gaming und virtueller Realität sind Avatare zu einem integralen Bestandteil unserer digitalen Identität geworden. Sie ermöglichen es uns, uns selbst in einer Weise darzustellen, die in der physischen Welt nicht möglich wäre.

Avatare agieren als Vermittler von Informationen und Erlebnissen. Sie reagieren auf Anfragen, geben Antworten und führen in Dialogen menschenähnliche Gespräche. Ein Avatar ermöglicht es den Nutzern, auf natürliche Weise mit Technologie und Computern zu interagieren. Diese Form der Interaktion kann sowohl alltägliche Aufgaben als auch komplexe Anfragen erleichtern und den Nutzern ein Gefühl von Vertrautheit und Verbindung vermitteln.

Sie haben die Art und Weise verändert, wie wir mit anderen interagieren. In vielen Online-Umgebungen interagieren wir mehr mit den Avataren von Personen als mit den Personen selbst. Dies kann sowohl positive als auch negative Auswirkungen haben. Einerseits ermöglicht es uns, uns auf eine Weise auszudrücken und zu präsentieren, die in der physischen Welt nicht möglich wäre. Andererseits kann es auch zu einer Entmenschlichung der Interaktion führen, da wir mehr mit digitalen Bildern als mit echten Menschen interagieren.

Es bleibt abzuwarten, wie sich diese Trends in Zukunft weiterentwickeln werden. Eines ist jedoch sicher: Avatare werden in der digitalen Welt immer wichtiger.

BIG DATA

Big Data ist mehr als nur ein Schlagwort. Es ist eine Revolution, die unsere Welt verändert. Jeden Tag generieren wir 2,5 Trillionen Bytes an Daten. Diese Daten kommen aus allen möglichen Quellen: von Social Media-Posts über GPS-Signale bis hin zu medizinischen Aufzeichnungen. In der richtigen Hand können diese Daten zu wertvollen Erkenntnissen führen.

Big Data hat das Potenzial, Unternehmen dabei zu helfen, effizienter zu arbeiten und fundiertere Entscheidungen zu treffen. Durch die Analyse großer Datenmengen können Muster, Trends und Assoziationen erkannt werden, insbesondere in Bezug auf menschliches Verhalten und Interaktionen. Dies kann dazu beitragen, die Kundenzufriedenheit zu verbessern, Risiken zu reduzieren und neue Möglichkeiten zu entdecken.

Aber Big Data bringt auch Herausforderungen mit sich. Datenschutz und Sicherheit sind große Bedenken. Unternehmen müssen sicherstellen, dass sie die Privatsphäre ihrer Kunden respektieren und ihre Daten sicher aufbewahren. Darüber hinaus erfordern die Verarbeitung und Analyse großer Datenmengen spezielle Software und Hardware, was hohe Kosten verursachen kann.

Trotz dieser Herausforderungen ist Big Data eine aufregende Entwicklung, die das Potenzial hat, unsere Welt zu verändern. Es liegt an uns, wie wir diese Daten nutzen und welche Auswirkungen sie auf unsere Gesellschaft haben werden.

In der heutigen digitalen Welt ist Big Data nicht mehr wegzudenken. Es hat tiefgreifende Auswirkungen auf viele Bereiche unseres Lebens, von der Gesundheitsversorgung über die Wirtschaft bis hin zur Politik. Mit der richtigen Nutzung von

Big Data können wir Krankheiten besser verstehen und behandeln, effizientere Geschäftsmodelle entwickeln und sogar das Wahlverhalten vorhersagen.

Aber wir müssen auch die ethischen Aspekte von Big Data berücksichtigen. Wie gehen wir mit der Privatsphäre um, wenn so viele Daten gesammelt werden? Wie stellen wir sicher, dass die Daten nicht missbraucht werden? Diese Fragen müssen wir uns stellen, während wir in das Zeitalter von Big Data eintreten.

Letztendlich ist Big Data ein mächtiges Werkzeug, das uns viele Vorteile bringen kann. Aber wie bei jedem Werkzeug liegt es an uns, wie wir es nutzen. Mit Verantwortung und Sorgfalt können wir das Potenzial von Big Data nutzen, um eine bessere und gerechtere Welt zu schaffen.

BIOMARKER

Biomarker, kurz für biologische Marker, sind messbare Indikatoren des biologischen Zustands oder der Reaktion des Körpers auf eine Therapie. Sie sind biologische Moleküle, die in Körperflüssigkeiten oder Geweben gefunden werden und als Indikatoren für normale oder pathologische Prozesse oder als Reaktion auf eine therapeutische Intervention dienen können. Sie können Proteine, Gene, Metaboliten oder andere Moleküle sein und bieten einen Einblick in die komplexen Prozesse unseres Körpers.

Sie spielen eine entscheidende Rolle in der modernen Medizin. Sie werden verwendet, um Krankheiten zu diagnostizieren, den Verlauf einer Krankheit zu überwachen oder die Wirksamkeit einer Behandlung zu bewerten. Sie können auch dazu beitragen, individuelle Risikofaktoren zu identifizieren und präventive Maßnahmen zu ergreifen.

Es wird unterschieden zwischen den krankheitsbezogenen und den arzneimittelbezogenen Biomarkern. Die krankheitsbezogenen Biomarker liefern als sogenannter Risikoindikator oder prädiktiver Biomarker Informationen darüber, ob eine Erkrankung droht, ob die Krankheit bereits besteht oder wie sich eine Erkrankung im Einzelfall wahrscheinlich entwickeln wird. Die arzneimittelbezogenen Biomarker zeigen an, ob und wie ein Medikament bei einem ganz bestimmten Patienten wirken und wie dessen Organismus es umsetzen wird.

Ein wichtiger Aspekt von Biomarkern ist ihre Rolle in der personalisierten Medizin. Durch die genaue Messung spezifischer Biomarker können Ärzte Behandlungen auf die individuellen Bedürfnisse eines Patienten abstimmen, da einige Biomarker Aufschluss darüber geben können, wie eine

Krankheit wahrscheinlich verlaufen wird oder wie ein Patient auf eine bestimmte Behandlung reagieren wird. Dies kann dazu beitragen, die Wirksamkeit der Behandlung zu verbessern und unerwünschte Nebenwirkungen zu minimieren. Um die Wirksamkeit einer Behandlung zu überwachen, kann zum Beispiel die Messung des HbA1c-Spiegels bei Diabetikern dazu beitragen, die Wirksamkeit der Blutzuckerkontrolle zu beurteilen.

Trotz der vielen Vorteile von Biomarkern gibt es auch Herausforderungen. Dazu gehören die Notwendigkeit, die Genauigkeit und Zuverlässigkeit von Biomarkern zu validieren, die Schwierigkeit, Biomarker in klinischen Tests zu messen und ethische Bedenken im Zusammenhang mit dem Umgang mit biologischen Proben und Gesundheitsinformationen.

BIOS

Heute dreht es sich um das Basic Input/Output System, kurz BIOS. Dieses mag vielen Nutzern verborgen bleiben, doch es bildet das essenzielle Rückgrat eines jeden Computers. Das BIOS hat eine faszinierende Entwicklung durchlaufen, die mit den Anfängen der Computertechnologie begann. Ursprünglich in den 1970er Jahren eingeführt, war es zu dieser Zeit rudimentär und auf spezifische Hardware zugeschnitten. Jeder Computer hatte sein eigenes individuelles BIOS, was zu Inkompatibilitäten zwischen verschiedenen Systemen führte.

Als eine Art Firmware, eingebettet auf einem speziellen Chip auf der Hauptplatine (Mainboard), ist das BIOS verantwortlich für den Startvorgang des Computers und die grundlegende Kommunikation zwischen Hardware und Software.

Ein Schlüsselelement des BIOS besteht darin, sicherzustellen, dass die Hardwarekomponenten beim Starten des Computers korrekt initialisiert werden. Es überprüft die grundlegende Hardware wie Prozessor, Arbeitsspeicher, Festplatten oder Grafikkarte, um sicherzustellen, dass sie korrekt funktionieren.

Es ist das erste Programm, das ausgeführt wird, wenn der Computer eingeschaltet wird. Es lädt sich selbst aus dem speziellen Chip in den Arbeitsspeicher des Computers und beginnt dann den Startvorgang. Dabei überprüft es die Hardware und sucht nach dem Betriebssystem, um es zu laden.

Früher war es nicht leicht zu aktualisieren. Heutzutage wird es oft durch das modernere UEFI (Unified Extensible Firmware Interface) ersetzt, das flexibler und leistungsfähiger ist. UEFI bietet eine verbesserte Benutzeroberfläche und Unterstützung für größere Festplattenkapazitäten sowie schnellere Startzeiten.

Die Rolle des BIOS geht jedoch über den Startvorgang hinaus. Es ermöglicht auch Konfigurationseinstellungen für den Computer, die über das Setup-Menü zugänglich sind. Hier können Benutzer Aspekte wie Bootreihenfolge, Systemzeit, Lüftersteuerung und mehr anpassen.

Eine der wichtigen Funktionen des BIOS besteht darin, den Computer bei Bedarf neu zu starten oder im Falle eines Problems auf eine sichere Standardeinstellung zurückzusetzen. Es kann auch als Sicherheitsmaßnahme dienen, indem es den Zugriff auf den Computer oder bestimmte Funktionen mit Passwörtern schützt.

Insgesamt ist das BIOS ein oft übersehener, aber dennoch entscheidender Bestandteil moderner Computer. Seine Rolle bei der Initialisierung und Konfiguration der Hardware sowie beim Starten des Betriebssystems ist unerlässlich für die alltägliche Nutzung unserer Technologie.

Bitcoin, die erste Kryptowährung, hat die Welt im Sturm erobert und das traditionelle Finanzsystem herausgefordert. Es wurde 2009 von einer anonymen Person oder Gruppe namens Satoshi Nakamoto eingeführt und basiert auf der Blockchain-Technologie.

Bitcoin ist dezentralisiert, was bedeutet, dass es nicht von einer zentralen Behörde wie einer Regierung oder einer Bank kontrolliert wird. Stattdessen wird es von einem Netzwerk von Computern, den sogenannten Minern, verwaltet. Diese Computer lösen komplexe mathematische Probleme, um Transaktionen zu validieren und neue Bitcoins zu schaffen, einen Prozess, der als Mining bezeichnet wird.

Einer der Hauptvorteile von Bitcoin ist die Anonymität. Während alle Transaktionen öffentlich in der Blockchain aufgezeichnet werden, sind die Identitäten der Beteiligten geschützt. Dies hat Bitcoin bei Personen beliebt gemacht, die Wert auf Privatsphäre legen, aber auch bei illegalen Aktivitäten.

Ein weiterer Vorteil von Bitcoin ist seine Widerstandsfähigkeit gegen Inflation. Die Menge an Bitcoin, die jemals existieren wird, ist auf 21 Millionen begrenzt. Dies unterscheidet es von traditionellen Währungen, die von Zentralbanken gedruckt werden können, was zu Inflation führen kann.

Trotz seiner Vorteile ist Bitcoin nicht ohne Kontroversen. Seine Volatilität hat zu spekulativen Blasen geführt, und es gibt Bedenken hinsichtlich seiner Verwendung für illegale Aktivitäten. Darüber hinaus ist das Bitcoin-Mining energieintensiv und hat Auswirkungen auf die Umwelt.

Bitcoin hat auch eine bedeutende Rolle in der Entwicklung von Smart Contracts gespielt. Smart Contracts sind Programme, die auf der Blockchain laufen und automatisch ausgeführt werden, wenn bestimmte Bedingungen erfüllt sind. Sie haben das Potenzial, viele Aspekte unseres Lebens zu verändern, von der Art und Weise, wie wir Geschäfte machen, bis hin zur Art und Weise, wie wir wählen.

Insgesamt hat Bitcoin die Art und Weise, wie wir über Geld und Transaktionen denken, grundlegend verändert. Es bleibt abzuwarten, wie es sich weiterentwickeln wird und welche Auswirkungen es auf unser Finanzsystem haben wird. Es ist klar, dass wir uns in einer spannenden Phase der finanziellen Innovation befinden, und Bitcoin spielt dabei eine Schlüsselrolle. Es ist eine spannende Zeit, in der wir Zeugen der Gestaltung unserer finanziellen Zukunft sind. Es ist klar, dass Bitcoin eine Schlüsselrolle in dieser Zukunft spielen wird. Es ist eine spannende Zeit, in der wir Zeugen der Gestaltung unserer finanziellen Zukunft sind.

Die Blockchain-Technologie hat das Potenzial, die Art und Weise, wie wir Transaktionen durchführen und Vertrauen in digitale Interaktionen aufbauen, grundlegend zu verändern. Sie ist eine dezentrale Datenbank, die eine ständig wachsende Liste von Transaktionsdatensätzen, sogenannte Blöcke, speichert. Jeder Block enthält Informationen über die Transaktion und einen Verweis auf den vorherigen Block, was eine Kette von Blöcken bildet. Diese Struktur macht die Blockchain inhärent sicher gegen Manipulationen und Betrug.

Die bekannteste Anwendung der Blockchain-Technologie ist Bitcoin, eine Kryptowährung, die das traditionelle Finanzsystem herausfordert. Aber die Anwendungen von Blockchain gehen weit über Kryptowährungen hinaus. Es wird erwartet, dass sie in einer Vielzahl von Branchen eingesetzt wird, von der Lieferkette bis zur Gesundheitsversorgung, von der Immobilienbranche bis zur Musikindustrie. Sie könnte dazu beitragen, Prozesse zu optimieren, Kosten zu senken und neue Geschäftsmodelle zu ermöglichen.

Ein weiterer wichtiger Aspekt der Blockchain-Technologie ist die Möglichkeit, Smart Contracts zu erstellen. Dies sind selbstausführende Verträge mit den Vertragsbedingungen direkt in Code geschrieben. Sie ermöglichen vertrauenswürdige Transaktionen und Vereinbarungen, die ohne die Notwendigkeit einer zentralen Behörde, eines Rechtssystems oder eines externen Durchsetzungsmechanismus durchgeführt werden können.

Trotz des Potenzials der Blockchain-Technologie gibt es auch Herausforderungen. Dazu gehören technische Hürden, regulatorische Fragen und Bedenken hinsichtlich der Skalierbarkeit. Es ist auch wichtig, dass wir die sozialen und ökonomischen Auswirkungen dieser Technologie verstehen und berücksichtigen. Beispielsweise könnten die Energieanforderungen des Blockchain-Betriebs erhebliche Umweltauswirkungen haben.

Insgesamt ist die Blockchain-Technologie ein spannendes und vielversprechendes Feld, das das Potenzial hat, unsere digitale Landschaft zu verändern. Es bleibt abzuwarten, wie sie sich entwickeln wird und welche Auswirkungen sie auf unsere Gesellschaft haben wird. Es ist klar, dass wir uns in einer entscheidenden Phase der digitalen Innovation befinden, und die Blockchain-Technologie wird zweifellos einen wesentlichen Einfluss darauf haben, wie diese Zukunft aussieht. Es ist eine spannende Zeit, in der wir Zeugen der Gestaltung unserer digitalen Zukunft sind. Es ist klar, dass die Blockchain-Technologie eine Schlüsselrolle in dieser Zukunft spielen wird.

BOTS

Sie kennen sie sicher aus zahlreichen Filmen, der gute und der böse Cop. Genauso gibt es auch gute und böse Bots, der Name kommt vom englischen Wort robots, also Roboter. Bots sind Programme, die automatisch bestimmte Aufgaben erfüllen. Bei den "bösen" Bots handelt es sich um Schadsoftware, die beispielsweise das Netz nach bestimmten Daten wie Mailadressen oder Namen durchsuchen, Spammails verschicken oder Internetbewertungen für Produkte und Dienstleistungen vornehmen. In jüngster Zeit kam es immer wieder vor, dass Internetseiten von Personen oder Institutionen durch Bots zeitweise "lahm" gelegt, weil innerhalb eines kurzen Zeitraumes tausende Anfragen auf die Seiten abgesetzt wurden. Unser Bundeskanzler war eines der prominentesten Opfer einer dieser Attacken.

Das ist aber nur möglich, wenn hunderttausende Computer zu einem sogenannten Botnetzwerk zusammengeschlossen werden, somit die hohe Anzahl von Transaktionen möglich ist und gleichzeitig sich der Verursacher der Aktion nicht mehr ermitteln lässt. Leider nimmt der Einsatz von Bots auch bei Meinungsumfragen immer mehr zu. Lässt sich nicht mehr ermitteln, ob die Stimme von einem Menschen oder einem Roboter abgesetzt wurde, ist eine realistische Auswertung nicht mehr möglich.

Es ist wahrscheinlich, dass die Computer einiger Leser dieser Kolumne Teil eines Botnetzwerkes sind, inoffizielle Schätzungen gehen von mindestens 500.000 betroffenen Rechnern in Deutschland aus.

Die Bots gelangen meist durch infizierte Mailanhänge auf die Rechner, der Benutzer bemerkt es oftmals nicht. Ein Bot ist auch nicht immer aktiv, sondern wartet in der Regel auf die Befehle seines Erstellers, um auf Zielrechnern Schaden anzurichten. Wenn Sie beispielsweise mit einem Rechner eine verlangsamte Internetverbindung feststellen oder der PC immer hoch ausgelastet ist, obwohl sie kaum Programme geöffnet haben, könnte es auf einen Bot hindeuten.

Wie für fast alle Gefahren im Netz, bieten ein immer aktuelles Betriebssystem und ein gutes Antivirenprogramm zwar keinen absoluten, aber einen gewissen Grundschutz vor Bots.

Es gibt aber auch "gute" Bots, die sich als solche zu erkennen geben und nützliche Dienste für Alle erbringen. Wenn Sie zum Beispiel einen Begriff in eine Suchmaschine eingeben, durchforstet ein Bot das gesamte Internet nach den passenden Ergebnissen. Oder sogenannte Trader Bots, die auf Handelsplattformen nach dem günstigsten Preis suchen.

Es ist und bleibt wie immer: Nicht die technische Errungenschaft ist das Problem, sondern was der Mensch damit anstellt.

BUGFIX

Heutzutage sind Computerprogramme und Softwareanwendungen unverzichtbar geworden. Doch auch die besten Programme sind nicht vor kleinen Fehlern und Störungen resistent, die als Bugs bekannt sind. Ein Bug, auf deutsch Fehler, ist eine Abweichung im Verhalten eines Programms von dem, was normalerweise beabsichtigt ist. Das kann eine fehlerhafte Anzeige auf einer Webseite, ein unerwarteter Programmabsturz oder ein Datenverlust sein. Bugs sind sehr störend und können im schlimmsten Fall erheblichen Schaden anrichten.

Bugfix-Experten sind die Personen, die diese digitalen Stolpersteine beseitigen. Sie analysieren, isolieren und beheben Fehler in der Software, um sicherzustellen, dass sie so reibungslos und zuverlässig wie nur möglich funktioniert.

Unser Alltag ist von verschiedensten Softwares durchdrungen, sei es in Form von Apps auf unseren Smartphones, Anwendungen in Unternehmen oder Systemen im Gesundheitswesen. Jeder Fehler kann erhebliche Auswirkungen haben.

Ein gutes Beispiel für ihre Auswirkungen sind Sicherheitslücken. Softwarefehler können potenzielle Schwachstellen für Cyberangriffe darstellen. Wenn die Sicherheitslücken rechtzeitig behoben werden, schützen sie nicht nur die Integrität und Vertraulichkeit unserer Daten, sondern auch unsere Privatsphäre und unsere Sicherheit.

Die automatisierte Fehlererkennung und -behebung ist ein aufstrebender Bereich. Oft kann eine Software selbst Fehler erkennen und in einigen Fällen automatisch beheben, was die Effizienz und Geschwindigkeit der Fehlerbehebung erhöht.

Ein weiterer Aspekt von Bugfixes ist die fortlaufende Aktualisierung. Durch regelmäßige Updates können Entwickler nicht nur Fehler beheben, sondern auch neue Funktionen hinzufügen und die Leistung optimieren. Dies trägt zur kontinuierlichen Verbesserung der digitalen Produkte und Dienstleistungen bei. Auch die Zusammenarbeit in der Softwareentwicklung wird so gefördert. Entwickler auf der ganzen Welt arbeiten oft zusammen, um Open Source-Projekte zu verbessern und die Entwicklung zu beschleunigen.

Bugfixes sind aber nicht nur auf Softwares beschränkt. In einer digitalisierten Welt können Fehler in jedem vernetzten Gerät auftreten, von intelligenten Thermostaten bis zu autonomen Fahrzeugen.

Bugfixes sind daher für einen reibungslosen Ablauf sämtlicher digitalen Prozesse unverzichtbar geworden. Bugfix-Experten, die oft im Hintergrund agieren, schaffen die Grundlage für den reibungslosen Betrieb unserer digitalen Welt.

BUILDING INFORMATION MODELING

Das Building Information Modeling, kurz BIM, ist ein zentrales Thema in der modernen Bauindustrie. Es revolutioniert die Art und Weise, wie wir Gebäude planen, bauen und verwalten. In meiner heutigen Kolumne möchte ich auf einige Aspekte von BIM eingehen und diskutieren, wie es die Zukunft der Bauprojekte beeinflusst.

BIM geht über einfache 3D-Modelle hinaus. Es ist ein ganzheitlicher Ansatz, der alle Phasen eines Bauprojekts abdeckt – von der Konzeption bis zur Instandhaltung.

BIM basiert auf einer umfassenden Datenbank, die alle relevanten Informationen zu einem Gebäude enthält. Dies umfasst geometrische Modelle, Materialien, Kosten, Zeitpläne und mehr. Außerdem fördert BIM die Zusammenarbeit zwischen verschiedenen Fachleuten – Architekten, Ingenieuren, Bauunternehmern und Facility-Managern. Alle arbeiten auf derselben Plattform, teilen Informationen und aktualisieren sie in Echtzeit. Dadurch wird es auch ermöglicht, Gebäude virtuell zu erkunden, bevor der erste Spatenstich erfolgt. Dies hilft bei der Identifizierung von Problemen, bevor sie physisch auftreten.

Durch die Integration von BIM in den gesamten Lebenszyklus eines Gebäudes können Zeit und Ressourcen gespart werden. Fehler werden minimiert und die Planung kann dadurch optimiert werden. BIM unterstützt nachhaltiges Bauen, indem es den Energieverbrauch, die Materialauswahl und die Lebenszykluskosten berücksichtigt.

Die Anwendung von BIM in der Praxis ist weltweit im Aufwind. In Deutschland gewinnt es sowohl bei öffentlichen Bauten als auch bei gewerblichen Bauherren zunehmend an

Beachtung. Die Reformkommission für Großprojekte plädiert für den verstärkten Einsatz von BIM. Doch wie sieht es konkret aus?

Bisher wurde BIM weltweit noch bei keinem einzigen Vorhaben durchgängig mit allen am Bau Beteiligten eingesetzt. Dennoch werden wesentliche Elemente wie Mengen- und Kostenermittlung, Kollisionsprüfung und Steuerung der Bauausführung bereits umfassend angewendet. Die Vorteile sind vielseitig. Integriertes modellorientiertes Arbeiten ermöglicht die Nachweisführung von Leistungen und Kosten am Modell. Außerdem wird die Transparenz und Qualität der Projektinformationen verbessert.

Insgesamt ist es ein mächtiges Werkzeug, das die Bauindustrie in die Zukunft führt. Es ist mehr als nur ein Trend – es ist eine Notwendigkeit für effiziente, nachhaltige und innovative Bauprojekte. Die digitale Transformation, die BIM mit sich bringt, wird die Art und Weise, wie wir Gebäude gestalten und nutzen, grundlegend verändern. Es ist an der Zeit, dass alle Akteure der Bauindustrie diese Veränderung aktiv vorantreiben und die Vorteile von BIM voll ausschöpfen.

BUSINESS ANALYTICS

Business Analytics ist ein entscheidender Faktor für den Erfolg in der heutigen datengetriebenen Geschäftswelt. Es bezieht sich auf die Praktiken, Technologien und Fähigkeiten, die zur kontinuierlichen Untersuchung und Interpretation von Geschäftsleistungen eingesetzt werden, um fundierte Geschäftsentscheidungen zu treffen.

Ein wichtiger Aspekt von Business Analytics ist die Vorhersageanalyse. Mit fortschrittlichen Algorithmen und Techniken können Unternehmen zukünftige Trends und Ergebnisse vorhersagen und so proaktive, datengesteuerte Entscheidungen treffen. Dies ermöglicht es Unternehmen, Risiken zu minimieren, Chancen zu maximieren und ihre Ressourcen effizienter zu nutzen.

Ein weiterer wichtiger Aspekt ist die Datenvisualisierung. Durch die Darstellung von Daten in grafischer Form können komplexe Informationen leicht verständlich und zugänglich gemacht werden. Dies ermöglicht es den Entscheidungsträgern, Muster und Trends zu erkennen und fundierte Entscheidungen zu treffen.

Business Analytics erfordert jedoch auch eine sorgfältige Datenverwaltung und

-sicherheit. Unternehmen müssen sicherstellen, dass sie über genaue und qualitativ hochwertige Daten verfügen und dass diese Daten sicher und verantwortungsvoll genutzt werden. Dies beinhaltet den Schutz der Privatsphäre der Kunden und die Einhaltung der Datenschutzgesetze.

Darüber hinaus spielt die Integration von Daten aus verschiedenen Quellen eine wichtige Rolle in Business Analytics. Durch die Kombination von internen und externen Daten können Unternehmen ein umfassenderes Bild ihrer Geschäftsleistung erhalten und tiefergehende Einblicke gewinnen.

Schließlich ist die kulturelle Veränderung ein wichtiger Teil der Implementierung von Business Analytics. Unternehmen müssen eine datengesteuerte Kultur fördern, in der Entscheidungen auf der Grundlage von Daten und Analysen getroffen werden und in der kontinuierliches Lernen und Verbesserung gefördert werden.

Insgesamt ist Business Analytics ein leistungsstarkes Werkzeug, das Unternehmen dabei helfen kann, ihre Leistung zu verbessern, Wettbewerbsvorteile zu erzielen und ihr Geschäft zu transformieren. Es erfordert jedoch auch eine sorgfältige Implementierung und Management, um sicherzustellen, dass es effektiv genutzt wird und echten Wert liefert.

BUSINESS INTELLIGENCE

Die ursprüngliche Business Intelligence entstand in den 60er Jahren, als ein System der gemeinsamen Nutzung von Informationen im gesamten Unternehmen. In den 80er Jahren entwickelte sie sich mit Computermodellen und mit der Verwandlung von Daten in Erkenntnisse weiter, bis sie schließlich zu einem Begriff für ein spezielles Serviceangebot mit IT-gestützten Servicelösungen wurde. Es handelt sich bei Business Intelligence also nicht um eine konkrete Sache, sondern um einen Oberbegriff für eine Kombination von Business Analytics, Data-Mining, Datenvisualisierung und Best Practices mit dem Ziel, der Leistungsoptimierung im Unternehmen. Aus der Kombination entsteht ein Gesamtbild eines Unternehmens, welches Menschen in eine Lage versetzen soll, in der sie bessere, umsetzbare Entscheidungen treffen können.

Aber was sind die Vorteile von Business Intelligence und warum wird sie immer wichtiger in der heutigen Zeit?

Mit Business Intelligence, kurz BI, können Unternehmen, durch lückenlose Einblicke in aktuelle sowie historische Daten, ihre Entscheidungsfindung verbessern und Analysten haben die Möglichkeit einfacher die Markttrends zu erkennen, wodurch sowohl Einnahmen als auch Umsatz gesteigert werden können. Für intelligentere und datengesteuerte Entscheidungen, bietet BI einem Unternehmen aber auch noch in anderen Bereichen Unterstützung. BI kann helfen bei der Analyse des Kundenverhaltens, beim Vergleich von Daten mit Wettbewerbern, bei der Optimierung von Vorgängen und der Ermittlung von Problemen.

Viele unterschiedliche Branchen haben BI bereits eingesetzt, bevor sie zu so einem großen Thema wurde – dazu gehören zum Beispiel die Informationstechnologie und das Gesundheitswesen. Daten zur Transformation ihrer operativen Vorgänge können aber alle Unternehmen nutzen.

Lenovo zum Beispiel ist ein Anbieter von Consumer-Technologien und der weltweit führende PC-Händler. Das Unternehmen hat sich eine elastische Hybrid Cloud-Plattform aufgebaut, welche die Echtzeit-BI unterstützt. Jährlich werden darüber über 11 Milliarden Transaktionen von strukturierten und unstrukturierten Daten analysiert. Die Plattform sorgte bereits für eine 11%ige Umsatzsteigerung pro Verkaufseinheit und wesentlich weniger Betriebskosten.

Durch BI werden also alle Teile eines Unternehmens optimiert und dazu entwickelt sie sich kontinuierlich weiter – je nach geschäftlichen Anforderungen und verfügbarer Technologie. Genau wie Künstliche Intelligenz und Machine Learning, wird die BI, in den nächsten Jahren, immer mehr an Bedeutung gewinnen.

CACHE

In unserer Welt geht es vor allem um Geschwindigkeit und sofortige Verfügbarkeit. Egal, ob wir eine Website aufrufen wollen, eine App benutzen oder auf eine Datei auf unserem Laptop zugreifen - wir erwarten, dass alles sofort funktioniert. Dieses nahtlose Erlebnis wird durch einen leistungsstarken Helfer ermöglicht: den Cache.

Ein Cache ist eine chipbasierte Computerkomponente, mit Hilfe derer das Abrufen von Informationen aus dem Speicher des Computers effizienter gestaltet wird - also eine Art Zwischenspeicher. Die Bezeichnung leitet sich vom französischen Wort „la cachette" bzw. „la cache" ab und bedeutet übersetzt „das Versteck".

Caches verwenden wir ständig, ohne es vielleicht zu bemerken. Wenn Sie eine Website besuchen, werden Bilder, Videos und andere Elemente in einem Cache auf dem Computer oder Smartphone gespeichert, sodass beim erneuten Besuch der Seite nicht alles erneut heruntergeladen werden muss. Das beschleunigt die Ladezeiten erheblich und sorgt für ein reibungsloses Browsing-Erlebnis.

Es gibt aber auch Cache-Speicher auf Prozessoren. Diese kleinen, superschnellen Speicher sichern Daten, auf die dann die Central Processing Unit, kurz CPU, häufig zugreift. Indem sie diese Daten in ihrer Nähe aufbewahren, können Prozessoren Aufgaben viel schneller erledigen, da sie nicht auf einen langsameren Hauptspeicher zugreifen müssen - die Abfragen können so um ein Vielfaches beschleunigt werden.

Auch in der Gaming-Welt sind Caches unverzichtbar. Moderne Spiele sind grafisch sehr anspruchsvoll und erfordern eine große Menge an Daten.

Da Caches bildlich gesprochen wie das Kurzzeitgedächtnis des Browsers sind, kann der Computer auf sie schneller zugreifen als auf den normalen Arbeitsspeicher, auch RAM genannt, was zu einer kürzeren Ladezeit beiträgt.

Neben all diesen praktischen Anwendungen tragen Caches auch dazu bei, Energie zu sparen. Wenn Daten bereits einmal gespeichert sind, müssen sie nicht erneut über das Internet oder von einer langsamen Festplatte geladen werden. Dies reduziert den Energieverbrauch erheblich und trägt zur Nachhaltigkeit bei.

Aber auch bei ihnen gibt es Herausforderungen. Manchmal können veraltete oder falsche Daten im Cache landen, was dann zu Fehlern führt. Die richtige Verwaltung erfordert daher sorgfältige Planung und Überwachung.

Wenn Sie also das nächste Mal online sind und eine aufgerufene Webseite blitzschnell lädt oder ein Videospiel ohne Verzögerung startet, denken Sie an die unscheinbaren Caches, die dies ermöglichen.

CELL BROADCAST

Cell Broadcast, ein Begriff, der in der Welt der Telekommunikation immer mehr an Bedeutung gewinnt, ist ein Dienst, der es ermöglicht, Warnnachrichten direkt auf Mobilgeräte zu senden. Dieses System, das in Deutschland am 23. Februar 2023 eingeführt wurde, hat das Potenzial, die Art und Weise, wie wir Informationen empfangen und auf Notfälle reagieren, grundlegend zu verändern.

Im Kern ist Cell Broadcast ein Rundfunkservice, der Nachrichten an alle Geräte innerhalb einer bestimmten Funkzelle sendet. Im Gegensatz zu herkömmlichen SMS, die nur an einen bestimmten Empfänger gerichtet sind, erreicht eine Cell-Broadcast-Nachricht alle Geräte, die mit dem Netzwerk verbunden sind. Dies macht es zu einem äußerst effektiven Mittel zur Verbreitung von Warnungen und wichtigen Informationen.

Ein Hauptvorteil ist seine Fähigkeit, eine große Anzahl von Menschen schnell und gleichzeitig zu erreichen. In Zeiten von Katastrophen und Notfällen kann dies von entscheidender Bedeutung sein. Eine Push-Nachricht, die direkt auf dem Bildschirm des Geräts angezeigt wird, kann dazu beitragen, dass die Menschen rechtzeitig gewarnt werden und angemessen reagieren können.

Ein weiterer Vorteil von Cell Broadcast ist, dass es keine Internetverbindung oder spezielle App benötigt. Solange das Gerät eingeschaltet und mit dem Netzwerk verbunden ist, kann es die Cell-Broadcast-Nachrichten empfangen. Dies macht es zu einem besonders nützlichen Dienst in Gebieten mit schlechter Internetverbindung oder in Situationen, in denen das Internet ausfällt.

Trotz seiner Vorteile ist Cell Broadcast nicht ohne Herausforderungen. Nicht alle Geräte sind in der Lage, diese Nachrichten zu empfangen. Ältere Geräte oder solche mit veralteten Betriebssystemen können möglicherweise keine Cell-Broadcast-Nachrichten empfangen. Daher ist es wichtig, dass die Nutzer ihre Geräte regelmäßig aktualisieren und sicherstellen, dass sie diese Broadcast-Nachrichten empfangen können.

Es ist also ein leistungsstarkes Werkzeug, das das Potenzial hat, die Art und Weise, wie wir auf Notfälle reagieren, vollständig zu verändern. Es ist jedoch wichtig, dass wir weiterhin nach Wegen suchen, um seine Reichweite und Effektivität zu verbessern und sicherzustellen, dass so viele Menschen wie möglich von diesem Dienst profitieren können.

Auch Unternehmen in unserer schönen Landeshauptstadt bleiben von Täuschungen nicht verschont. Ein Erfurter Unternehmen ist zwischen den Feiertagen um zwei Millionen Euro betrogen worden.

Die angewandte Betrugsmasche ist leider nicht neu und ist bekannt unter dem Namen „CEO Fraud". In China ist das eine Anlehnung an eine Schreckensfigur aus einem Märchen, der „Betrug mit der bemalten Haut".

Bei der Betrugsmasche versuchen die Täter, entscheidungsbefugte Mitarbeiter in dem jeweiligen Unternehmen so zu manipulieren, dass sie hohe Geldsummen ins Ausland überweisen. Die Täter tun dabei so, als würde der Auftrag unmittelbar vom Chef des Unternehmens (CEO = Chief of Executive Officer) kommen. Die Betrugsmasche ist eine abgewandelte Form des Social Engineerings, bei welchem die Schwachstelle Mensch von den Tätern ausgenutzt wird – ganz nach dem Motto: „Amateure hacken Systeme, Profis hacken Menschen". Aus technischer Sicht lässt sich dabei nicht viel entgegensetzen.

Das Vorgehen der Täter ist sehr geschickt und zeitaufwendig. Zunächst verschaffen sie sich viele Informationen über das Unternehmen selbst und die internen Strukturen. Ein besonderes Augenmerk wird dabei oft auf Geschäftspartner und künftige Investments gelegt. Aber auch die E-Mail-Erreichbarkeiten oder Informationen in sozialen Netzwerken zu den Mitarbeitern sind wichtig.

Mit den gesammelten Informationen gelingt es den Tätern oft überzeugend als CEO oder weisungsbefugter Entscheidungsträger des Unternehmens aufzutreten. Zur Zahlung berechtigte Personen des Unternehmens, häufig in der Buchhaltung oder im Rechnungswesen tätig, wird meist durch E-Mails vorgespielt, eine dringende Geldüberweisung ins Ausland müsse schnell durchgeführt werden. Die Begründungen für die Überweisung variieren vom geheimen Firmenkauf bis zu neuen Bankverbindungen.

Häufig gelingt es den Tätern erfahrene Mitarbeiter zu einer Überweisung zu bewegen, besonders in kleineren, autoritär geführten Unternehmen.

Besonders spektakulär war Anfang 2018 der Fall Pathé. Betrügern war es gelungen Mitarbeiter der Filmkette zu Zahlungen in Höhe von insgesamt 21 Millionen US-Dollar zu bewegen. Auch dieser Fall macht deutlich, wie anfällig Organisationen für Manipulationen im Finanzbereich sind. Daher müssen Mitarbeiter permanent geschult und zu einer Art menschlicher Firewall werden, um solche E-Mails zumindest als verdächtig einstufen zu können. Zudem sollten Unternehmen genau prüfen, wie ihre Kommunikation nach außen definiert ist.

CHATBOT

In der Welt der Technologie und Digitalisierung hat sich ein neuer Akteur etabliert, der als Chatbot bekannt ist. Ein Chatbot ist ein KI-basiertes Software-Design, das menschenähnliche Konversationen simuliert. Sie interagieren mit Menschen in natürlicher Sprache und werden hauptsächlich in Bereichen wie Kundenservice, Anfragen und Produktvorschlägen eingesetzt.

Die Digitalisierung hat die Art und Weise, wie wir leben und arbeiten, grundlegend verändert. In diesem Kontext spielen Chatbots eine entscheidende Rolle. Sie sind ein perfektes Beispiel dafür, wie Technologie genutzt wird, um menschliche Aufgaben zu automatisieren und zu erleichtern. Mit ihrer Fähigkeit, menschliche Interaktionen zu simulieren, haben Chatbots die Art und Weise, wie Unternehmen mit ihren Kunden interagieren, revolutioniert.

Chatbots sind nicht nur auf Text beschränkt. Sie können auch Sprachbefehle verstehen und darauf reagieren, was sie zu einem integralen Bestandteil von Smart Devices macht. Sie sind rund um die Uhr verfügbar und bieten sofortige Antworten, was sie zu einem unverzichtbaren Werkzeug für Unternehmen macht. Chatbots sind ein Paradebeispiel für die Anwendung von maschinellem Lernen und natürlicher Sprachverarbeitung. Sie lernen und verbessern sich ständig durch Interaktionen mit Benutzern. Dies ermöglicht es ihnen, menschenähnliche Gespräche zu führen und dabei kontextbezogene Antworten zu liefern. Sie können sogar Emotionen in Texten erkennen und entsprechend reagieren, was zu einer personalisierten Benutzererfahrung führt.

Die Verwendung von Chatbots ist ein großer Schritt in Richtung Digitalisierung. Sie repräsentieren eine neue Ära der

Interaktion zwischen Menschen und Maschinen, die durch künstliche Intelligenz ermöglicht wird. Mit ihrer kontinuierlichen Entwicklung und Verbesserung sind Chatbots ein klares Beispiel dafür, wie die Digitalisierung unsere Zukunft gestaltet. Sie sind ein Beweis dafür, dass die Grenzen zwischen Mensch und Maschine immer mehr verschwimmen.

Zusammenfassend lässt sich sagen, dass Chatbots ein faszinierendes Produkt der Digitalisierung sind. Sie haben das Potenzial, die Art und Weise, wie wir kommunizieren und interagieren, grundlegend zu verändern. Mit ihrer fortgeschrittenen KI und ihrer Fähigkeit, menschenähnliche Interaktionen zu simulieren, sind Chatbots ein spannendes Feld für zukünftige Forschungen und Entwicklungen. Sie sind ein leuchtendes Beispiel dafür, wie die Digitalisierung unsere Welt formt und verbessert.

CHATGPT

Künstliche Intelligenz kennt man vor allem aus Science-Fiction Filmen – Androide, die sich nicht mehr vom Menschen unterscheiden lassen. Was lange Zeit nur Fiktion war, wird jetzt zur Realität. Das Forschungsunternehmen OpenAI hat im Dezember letzten Jahres einen Prototyp des Chat GPT veröffentlicht, der über ungeahnte Fähigkeiten verfügt.

ChatGPT ist dabei eine Abkürzung für Generative Pre-trained Transformer. Der Chatbot ist ein Multitalent, er kann Programmiercodes und ganze Vorträge verfassen. Er liefert passgenaue Antworten über ein einfaches Chatfenster auf der Webseite des Herstellers. ChatGPT ist also ein dialogbasierter Chatbot, der durch KI (künstliche Intelligenz) Anfragen in verschiedenen Sprachen versteht und Antworten in mehreren Sätzen erzeugen kann. Basis dafür ist das Sprachmodell gpt-3 von OpenAI. Mit dem Sprachmodell werden Algorithmen aus Netzwerken mit riesigen Mengen an Texten aus dem Internet trainiert.

Ob es durch diese neue Technologie künftig bestimmte Berufe oder Tätigkeiten nicht mehr geben wird, ist schon mit „ja" beantwortet. Es ist nur die Frage, welche und wann?

Als Nächstes wird ChatGPT wahrscheinlich die prominente Google-Suche obsolet werden lassen, nicht umsonst hat Google schon mit der Ankündigung von 20(!) neuen KI-Produkten noch in diesem Jahr reagiert.

Chat GPT ist im Moment aber noch alles andere als ausgereift, so weiß der Nutzer aktuell nicht, was ChatGPT nicht weiß, daher werden einige Fragen nicht befriedigend beantwortet.

Was seit Jahren diskutiert wird aber bisher zu wenig belastbaren Rahmenbedingungen geführt hat, ist der rechtliche

Rahmen, in dem sich eine solche KI künftig bewegen kann. Denn es stellt sich wie beim automatisierten Fahren die Frage nach der Verantwortlichkeit bei möglichen Fehlern.

ChatGPT ist aber auf jeden Fall eine technische Revolution, die mindestens mit der Entwicklung der ersten Computer vergleichbar ist. Ich benutze ChatGPT jetzt schon täglich und merke, wie es meine Tätigkeiten spürbar erleichtert.

Spannend wird die Entwicklung in den Schulen und Hochschulen zu beobachten sein. Welcher Lehrer sich künftig nicht mit dieser Technologie beschäftigt, wird buchstäblich begeistert sein, welches neue Niveau seine Schüler mit dem Anfertigen von Hausarbeiten erreicht haben. Und wenn erst die Prüflinge mit einem Knopf im Ohr in der mündlichen Prüfung alle Fragen exakt beantworten, steht dem Aufstieg Deutschlands in internationalen Bildungsstatistiken nichts mehr im Wege.

CLICKWORKER

In der heutigen digitalen Ära hat sich die Art und Weise, wie wir arbeiten, grundlegend verändert. Eine dieser Veränderungen ist das Phänomen der Clickworker. Clickworker sind Freiberufler, die auf digitalen Plattformen arbeiten und für Mikroaufgaben bezahlt werden, die oft nur wenige Minuten dauern. Sie erledigen eine Vielzahl von Aufgaben, von der Datenbereinigung über die Übersetzung bis hin zur Erstellung von Inhalten, und tragen so zum reibungslosen Ablauf vieler digitaler Plattformen bei.

Das Konzept des Clickworking hat die Arbeitswelt revolutioniert. Es ermöglicht es Menschen, flexibel zu arbeiten, wann und wo sie wollen. Sie können ihre Arbeitszeit und -last selbst bestimmen, was ihnen eine größere Kontrolle über ihr Arbeitsleben ermöglicht. Dies kann besonders für Menschen attraktiv sein, die nach flexiblen Arbeitsmöglichkeiten suchen, wie z.B. Eltern oder Studenten. Es bietet auch Zugang zu Arbeitsmöglichkeiten für Menschen, die sonst vielleicht keinen Zugang zu traditionellen Arbeitsmärkten hätten. Es stellt sich allerdings die Frage der sozialen Isolation. Viele Clickworker arbeiten allein, oft von zu Hause aus und haben wenig oder gar keinen Kontakt zu Kollegen oder Vorgesetzten. Dies kann zu Gefühlen der Isolation und Entfremdung führen.

Aber Clickworking ist nicht ohne Herausforderungen. Die Bezahlung für Mikroaufgaben ist oft sehr gering und die Arbeit kann monoton und isolierend sein. Zudem gibt es Fragen zur Arbeitsplatzsicherheit und zu den Arbeitsbedingungen.

Trotz dieser Herausforderungen bietet Clickworking auch Chancen. Es kann ein Sprungbrett für Menschen sein, die in die digitale Wirtschaft einsteigen wollen. Es kann auch dazu beitragen, die digitale Kluft zu überbrücken und Menschen den Zugang zu den Vorteilen der digitalen Wirtschaft zu ermöglichen.

Die Zukunft des Clickworking ist noch ungewiss. Mit fortschreitender Technologie und sich verändernden Arbeitsmärkten könnte es eine immer wichtigere Rolle in der Arbeitswelt spielen. Es liegt an uns allen, sicherzustellen, dass diese Entwicklung auf eine Weise geschieht, die sowohl für die Clickworker als auch für die Gesellschaft insgesamt vorteilhaft ist. Es liegt an uns allen, sicherzustellen, dass diese Entwicklung auf eine Weise geschieht, die sowohl für die Clickworker als auch für die Gesellschaft insgesamt vorteilhaft ist.

CLOUD COMPUTING

Cloud Computing ist ein Begriff, der in der IT-Welt allgegenwärtig ist. Aber was genau ist Cloud Computing und wie beeinflusst die Digitalisierung seine Rolle?

Cloud Computing bezieht sich auf das Speichern und Abrufen von Daten und Programmen über das Internet anstatt auf der Festplatte eines Computers. Es ermöglicht den Benutzern den Zugriff auf ihre Daten und Anwendungen von jedem Ort aus, solange sie eine Internetverbindung haben.

Die Digitalisierung hat die Notwendigkeit von Cloud Computing verstärkt. Mit der zunehmenden Verlagerung von Geschäftsprozessen in die digitale Welt wächst auch die Menge an Daten, die Unternehmen produzieren und speichern. Diese Daten können ein attraktives Ziel für Cyberkriminelle sein. Daher ist es entscheidend, dass Unternehmen in der Lage sind, ihre Daten effektiv zu schützen.

Darüber hinaus hat die Digitalisierung die Art und Weise verändert, wie Unternehmen arbeiten. Mit immer mehr Geräten, die mit dem Internet verbunden sind, gibt es mehr Eintrittspunkte für potenzielle Angriffe. Cloud Computing kann dabei helfen, diese Bedrohungen zu erkennen und zu bekämpfen.

Zusätzlich zu den bereits genannten Punkten, spielen Cloud Computing-Systeme auch eine wichtige Rolle bei der Einhaltung von Vorschriften. Viele Branchen unterliegen strengen Vorschriften, was den Umgang mit Daten betrifft. Cloud Computing-Systeme können dabei helfen, den Nachweis zu erbringen, dass ein Unternehmen diese Vorschriften einhält.

Ein weiterer wichtiger Aspekt von Cloud Computing ist die Fähigkeit, auf Vorfälle zu reagieren. Wenn ein Cloud Computing-System eine potenzielle Bedrohung erkennt, kann es automatisierte Aktionen auslösen, um den Vorfall zu beheben. Dies kann das Blockieren einer IP-Adresse, das Abschalten eines Systems oder das Senden einer Benachrichtigung an das Sicherheitsteam beinhalten.

Insgesamt ist Cloud Computing ein komplexes, aber unverzichtbares Werkzeug für die IT-Sicherheit. Mit der fortschreitenden Digitalisierung wird seine Rolle nur noch wichtiger werden. Unternehmen, die ihre Cloud Computing-Systeme effektiv nutzen, sind besser in der Lage, ihre Daten zu schützen und auf Bedrohungen zu reagieren. Dies ist in der heutigen digitalen Welt von unschätzbarem Wert.

CONTENT MANAGEMENT SYSTEM

Ein Content Management System, kurz CMS, ist eine Plattform, die es Einzelpersonen und Unternehmen ermöglicht, ihre Online-Inhalte einfach und effektiv zu verwalten. Ein gutes CMS bietet eine benutzerfreundliche Oberfläche, mit der man Texte, Bilder oder andere Inhalte auf einer Webseite hochladen und bearbeiten kann, ohne dass man dafür tiefgreifende technische Fähigkeiten benötigt.

Ein CMS bietet unter anderem die Möglichkeit, ohne Programmierkenntnisse Inhalte zu aktualisieren. Es erleichtert die Zusammenarbeit von Teams, indem es mehreren Benutzern ermöglicht, auf die gleichen Inhalte zur selben Zeit zuzugreifen. Es macht es zum Beispiel auch für wachsende Unternehmen einfach, neue Webseiten hinzuzufügen, ohne dass ein zusätzlicher Entwickler von Nöten ist.

Wenn man ein CMS auswählen möchte, sollte man darauf achten, dass es den eigenen Anforderungen entspricht – sprich, der Art der Webseite, die man erstellen möchte. In den vergangenen Jahren haben sich verschiedene CMS auf dem Markt etabliert. Manche eignen sich besser für einfache Blogs, während andere für komplexe Webseiten und Online-Shops geeignet sind. Eines der bekanntesten und am weitesten verbreiteten CMS ist WordPress. Es ist sehr einfach zu bedienen, ist kostenfrei und hat eine Vielzahl Themes, also Designvorlagen, die es ermöglichen, die eigene Webseite individuell anzupassen.

Es gibt aber noch viele weitere Content Management Systeme, jedes mit seinen eigenen Stärken und Schwächen.

Content Management Systeme laufen entweder auf dem Server des jeweiligen Anbieters, wie etwa bei WordPress oder lokal auf dem eigenen Server. Dabei bestehen sie immer aus zwei Komponenten: einer Content Delivery Application (CDA) und einer Content Management Application (CMA). Die CMA ist die Benutzeroberfläche, in der man ohne HTML-Kenntnisse die Inhalte der Webseite erstellen, ändern oder entfernen kann. Die CDA stellt die Backend-Dienste bereit, die die Bereitstellung und Verwaltung der Inhalte unterstützen, nachdem sie in der CMA erstellt wurden.

Ein CMS kann auch Werkzeuge für das One-to-One-Marketing bereitstellen. Das ist eine Marketingstrategie, bei der individuelle Botschaften und Produktangebote an Kunden übermittelt werden. Wenn ein Benutzer beispielsweise in einer großen Suchmaschine nach Sonnenbrillen sucht, können Werbebanner mit Geschäften angezeigt werden, welche Sonnenbrillen verkaufen.

Ein CMS ist eine unverzichtbare Ressource, um eine erfolgreiche Website zu betreiben.

COOKIES

Cookies, auf deutsch „Kekse“, sind Datenpakete, die ein Webseitenanbieter zwischenspeichert, um individuelle Nutzerdaten zu sichern. Mit Hilfe dieser werden personenbezogene Daten gesammelt, um das Surfen im Internet zu erleichtern, beispielsweise durch das Speichern der Login-Daten.

Das klingt erst einmal gut, hat aber auch eine Kehrseite. Denn bei den beschriebenen Cookies handelt es sich um sogenannte Session Cookies, die gelöscht werden, sobald die Internetseite geschlossen wird. Zu den weniger beliebten Cookies gehören dagegen die „Tracking Cookies“, die für personalisierte Werbung genutzt und dauerhaft gespeichert werden. Oftmals werden diese Cookies auch von Dritten gesetzt, sie verfolgen das Surfverhalten von Nutzern über einen längeren Zeitraum.

Es ist Ihnen bestimmt auch schon aufgefallen: Besucht man häufig Webseiten beispielsweise zum Thema Sport, wird man voraussichtlich innerhalb kürzester Zeit auch auf anderen Webseiten mehr Anzeigen zu Sportbekleidung erhalten.

Ein anderer Nutzer sieht auf derselben Webseite wahrscheinlich andere Anzeigen, da sein Onlineprofil Interesse an anderen Themen offengelegt hat.

Einige Nutzer hätten die Existenz von Cookies vielleicht gar nicht bemerkt, hätte es 2009 nicht eine neue EU-Richtlinie gegeben, die Webseitenbetreiber zwingt, die Nutzer vorab über die Speicherung nutzerrelevanter Daten zu informieren.

Seitdem kann man mit einem Klick entscheiden, ob die eigenen Daten gespeichert werden dürfen oder nicht – zumindest sollte das so einfach sein.

Viele Betreiber versuchen allerdings mithilfe von Tricks, wie irreführender Banner o.ä., die Nutzer dazu zu bringen, dem Tracking doch zuzustimmen. Im kürzlich von der EU-Kommission verabschiedeten Digital Services Act wurde ein Verbot von irreführenden Gestaltungen von Webseiten festgeschrieben, darunter fallen auch Cookies.

Doch wie das umgesetzt und praktisch kontrolliert werden soll, steht wieder einmal nicht fest. Es gibt verschiedene technische Vorschläge, wie zum Beispiel die Softwarelösung Personal Information Management Services, kurz PIMS. Mit dieser Technik kann der Nutzer vorab festlegen, welchen Werbecookies er zustimmen möchte. PIMS ist in Deutschland seit dem 01.12.2021 möglich, wird aber bisher kaum genutzt, denn die Webseitenbetreiber haben kein Interesse daran und die nötige Akzeptanz unter den Internetnutzern fehlt noch.

Bleibt zu hoffen, dass es bald klare Regelungen gibt, die uns alle vom lästigen „Keksklicken“ auf Webseiten befreit.

CROWDFUNDING

Manchmal sieht man sie noch, die kleinen Stände auf den Marktplätzen, an denen meist junge Menschen um Spenden für das Tierwohl, den Umweltschutz und andere karitative Zwecke bitten. Auf einer belebten Fußgängerzone an einem Samstagvormittag erreicht man unter Umständen schon sehr viele Menschen. Aber um ein Vielfaches mehr steigt die Wahrscheinlichkeit der Kontakte, wenn man über das Internet auf Plattformen oder verschiedenen Social-Media-Kanälen sein Anliegen verbreitet. So hat sich schon vor circa 25 Jahren das Crowdfunding, deutsch oft als Schwarmfinanzierung bezeichnet, im Internet etabliert. Der Unterschied zu einer normalen Finanzierung oder auch Spende ist beim Crowdfunding die Anzahl der Einzahler, die oftmals mehrere Millionen erreicht. Schließlich gibt es weltweit genügend Projekte, die finanzielle Unterstützung benötigen.

Da möchte eine indische Frauenfußballmannschaft einen Satz Trikots anschaffen, eine Schulklasse in Deutschland eine Schülerfahrt unternehmen oder ein gerade gegründetes Startup benötigt noch 50.000 Euro, um ihr Produkt auf den Markt zu bringen. Anders als bei wenigen Finanzierern, die bei hohen Geldbeträgen sehr genau überlegen, inwieweit sie sich beteiligen, fällt es mehreren tausend Menschen leicht, einen kleinen Betrag für ein Projekt zu finanzieren.

Dabei gibt es Crowdfunding sowohl als Spende, d.h., man bekommt als Einzahler ein Dankeschön oder als klassische Beteiligungsfinanzierung, bei der man für den eingezahlten Beitrag einen Anteil an einem Produkt oder Unternehmen erwirbt. Unzählige Plattformen gibt es mittlerweile auf dem Markt, die sich entweder auf bestimmte Themen spezialisiert haben oder regional verankert sind. So gibt es auch in Thüringen einige regionale Plattformen, die Projekten die Möglichkeit geben, für lokale Aktivitäten Geld zu sammeln. Für den Erfolg des Crowdfunding spielen die Attraktivität des Projektes und die Bekanntheit der Plattform eine wesentliche Rolle.

Die Form der Schwarmfinanzierung gab es aber auch schon weit vor den Zeiten des Internets. So wurde im 19. Jahrhundert der Sockel der Freiheitsstatue in New York durch 160.000 einzelne Spenden finanziert.

Wenn Sie finanzielle Unterstützung bei Ihrem Projekt benötigen, probieren Sie das Crowdfunding auf eine der zahlreichen Plattformen einmal aus, vielleicht kommt mehr Geld an, als Sie benötigen. Ich wünsche Ihnen dafür viel Erfolg!

CYBERCRIME

Als Cybercrime bezeichnet man jedes illegale Verhalten im digitalen Umfeld mit Hilfe von Computern. Cyberkriminelle können Einzelpersonen, Personengruppen, Unternehmen oder auch staatliche Institutionen wie Geheimdienste sein.

Im aktuellen Ukrainekonflikt versuchen zum Beispiel täglich russische und ukrainische Hacker, jeweils in gegnerische Softwareumgebungen einzudringen, um Fehler und Ausfälle zu provozieren.

Aber nicht nur bei kriegerischen Auseinandersetzungen sind Infrastrukturen gefährdet, sondern eigentlich jeder Computer immer und überall auf der Welt. Dabei werden auch Privatcomputer für Angriffe auf Unternehmen genutzt, denn groß angelegte Attacken erfordern auch eine große Rechenleistung und damit eine Menge Energie.

Diese holen sich die Angreifer, in dem sie tausende Rechner zu virtuellen Netzen, den sogenannten Botnetzen, zusammenschalten. Schätzungen gehen davon aus, dass weltweit hunderte von Millionen Rechner Bestandteile von Botnetzen sind, von den jeweiligen Benutzern meist unbemerkt.

Die Angriffe, auch auf kleinere Unternehmen, nehmen täglich zu. Im Moment weitestgehend in Form von Erpressungen, bei denen die Rechner gesperrt und erst wieder freigegeben werden, wenn die Betroffenen eine beträchtliche Summe in Form einer Kryptowährung bezahlen.

Umso erstaunlicher ist es, wie ungeschützt immer noch etliche Unternehmen sind. Dabei droht die Gefahr eines Angriffs auf die Infrastruktur nicht nur von außen, sondern auch von innen. Nicht selten sind es die eigenen Mitarbeiter, die bewusst oder unbewusst Daten an Dritte weitergeben oder durch unüberlegtes Handeln Einfallstore für Angriffe öffnen.

So sind beispielsweise zurzeit im sogenannten Darknet technische Zeichnungen eines mittelständigen deutschen Maschinenbauers käuflich erhältlich.

Die Wahrscheinlichkeit, dass es sich bei dem Verkäufer um einen aktuellen oder ehemaligen Mitarbeiter oder Mitarbeiterin des Unternehmens handelt, ist sehr groß. Dies ist auch einer der Gründe, warum die Cyberkriminalität so stark zunimmt: Es ist relativ einfach, Datendiebstahl zu begehen und dabei anonym und damit straffrei zu bleiben. In den USA wird beispielsweise alle zwei Sekunden ein Identitätsbetrug begangen, meistens der Kauf im Internet mit einer fremden Kreditkarte.

Die Cybercrime Aktivitäten sind sehr flexibel und entwickeln sich als eine Form der Kriminalität am dynamischsten. Aber wie im analogen Leben auch, bedarf es meist nur ein bisschen mehr Aufmerksamkeit, sich gegen Cybercrime zu schützen.

CYBERSICKNESS

Dieses Jahr steht der große Durchbruch der Virtual Reality bevor! Ein Satz, den sie bestimmt schon häufig gehört haben. Virtual Reality, kurz VR, bezeichnet eine durch Soft- und Hardware erzeugte künstliche Wirklichkeit. Dies kann eine simulierte Rennstrecke bei der Formel 1, aber auch eine realitätsgetreue Wanderung durch den Dschungel sein.

Virtual-Reality-Brillen sollen nicht nur die Gaming-Industrie revolutionieren, sondern auch öffentliche Gebäude und Veranstaltungen virtuell zugänglich machen. Trotz des großen Potenzials dieser Technologie, gewinnt VR nur langsam an Bedeutung. Doch woran liegt das? Die VR-Technik muss sich von Beginn an mit einer großen Problematik auseinandersetzen, die auch bislang noch nicht gelöst werden konnte: sie sorgt bei einer großen Menge der Nutzer für Benommenheit, Schwindel und Übelkeit. Die sogenannte Cybersickness ist kein Einzelfall, sondern tritt bei circa 30 bis 80 Prozent der User*innen auf.

Das Ergebnis ist das gleiche, wie es bei einer Reisekrankheit auftritt. Das Gefühl entsteht immer dann, wenn die verschiedenen Sinnesreize nicht mehr miteinander übereinstimmen und ein sensorischer Konflikt entsteht: eine Diskrepanz zwischen dem, was der Betroffene sieht und was seine anderen Sinne wahrnehmen, etwa der Gleichgewichtssinn.

Auch ich habe schon Erfahrungen mit Cybersickness machen müssen - optisch erlebt man eine Achterbahnfahrt, was aber vom Gleichgewichtssinn nicht bestätigt wird. Das ist auch selbstverständlich, denn die Flüssigkeit in den semizirkulären Kanälen des Innenohrs, welche eigentlich dafür zuständig sind, Körperbewegungen zu registrieren, bleiben unberührt, weil man währenddessen still auf einem Stuhl sitzt. Der Körper schlägt Alarm, weil er denkt man halluziniert oder erleidet einem Anzeichen von Vergiftung. Einst war das hauptsächlich ein Problem für Nutzer von VR-Headsets, aber auch der längere Gebrauch von elektronischen Geräten, wie Handys oder Computern, kann diese Beschwerden auslösen und zu einer Episode von Cybersickness führen.

Glücklicherweise sind die Symptome aber relativ harmlos und verschwinden, wenn die Reize aufhören bzw. lassen sich durch einfache Maßnahmen verhindern. Die Behandlung von Cybersickness besteht darin, eine Pause von dem zu machen, was man am Bildschirm macht. Am besten noch zu Beginn der Symptome, wenn die Intensität noch gering ist.

Das Phänomen der Cybersickness ist auch eine große Herausforderung für die Entwicklung autonomer Fahrzeuge. Wenn man an die geschlossene Kabine denkt, die sich selbstständig bewegt, während die Insassen von der Außenwelt abgeschottet arbeiten, erscheint das einleuchtend.

Trotz der einfachen Behandlung der Symptome ist eins sicher: solange dieses Problem nicht gelöst wird, wird Virtual Reality auch in den kommenden Jahren nicht die Massen erreichen.

DARK PATTERNS

In der digitalen Welt sind Dark Patterns ein zunehmend besorgniserregendes Phänomen. Dark Patterns sind Tricks in Websites und Apps, die Benutzer dazu bringen, Dinge zu tun, die sie eigentlich nicht tun wollen, wie zum Beispiel zusätzliche Artikel kaufen oder ihre Privatsphäre aufgeben.

Die Digitalisierung hat die Art und Weise, wie wir interagieren und Geschäfte machen, sehr verändert. In diesem Kontext haben Dark Patterns eine besondere Bedeutung erlangt. Sie sind ein Produkt der digitalen Welt und nutzen die Vorteile der Technologie, um Benutzer in die Irre zu führen.

Dark Patterns nutzen die menschliche Psychologie und das Verhalten, um Benutzer dazu zu bringen, bestimmte Aktionen auszuführen. Sie können in Form von irreführenden Benutzeroberflächen, versteckten Informationen oder manipulativen Sprachmustern auftreten. Sie sind so gestaltet, dass sie die Benutzer dazu bringen, Entscheidungen zu treffen, die sie normalerweise nicht treffen würden.

Die Verwendung von Dark Patterns kann kurzfristig zu erhöhten Conversions führen, aber langfristig kann sie das Vertrauen der Benutzer untergraben und zu schlechten Benutzererfahrungen führen. Daher ist es wichtig, dass Designer und Entwickler ethische Entscheidungen treffen und die Benutzererfahrung an erster Stelle setzen.

In Bezug auf die Digitalisierung sind Dark Patterns ein Beispiel dafür, wie Technologie missbraucht werden kann. Sie zeigen, dass trotz der vielen Vorteile der Digitalisierung, es auch negative Aspekte gibt, die berücksichtigt werden müssen. Sie werfen wichtige Fragen zur Ethik und Verantwortung in der digitalen Welt auf.

Es ist wichtig, dass wir uns der Existenz und Auswirkungen von Dark Patterns bewusst sind und Maßnahmen ergreifen, um sie zu bekämpfen. Dies kann durch Bildung, Sensibilisierung und die Schaffung von Richtlinien und Vorschriften geschehen, die den Missbrauch von Dark Patterns verhindern.

Sie sind ein Beweis dafür, dass die Digitalisierung nicht nur Vorteile, sondern auch Herausforderungen mit sich bringt. Es ist wichtig, dass wir uns dieser Herausforderungen bewusst sind und Maßnahmen ergreifen, um sie zu bekämpfen. Nur so können wir sicherstellen, dass die Digitalisierung zu einer besseren und gerechteren Welt beiträgt.

DARKNET

Drogen, Auftragskiller, Waffen und Gift – Dinge, die die meisten wahrscheinlich nur aus Filmen kennen, im Darknet leicht erschwinglich. Doch was genau ist das Darknet eigentlich? Die Bezeichnung Darknet, auf deutsch „dunkles Netz", trifft Sinn und Zweck schon ziemlich passend. Zentral dient es, unerkannt und anonym im Internet zu kommunizieren.

In der Regel wird es als der gefährliche Teil des Internets beschrieben, in welchem allerhand Arten von zwielichtigen Geschäften stattfinden, vom illegalen Verkauf von Waffen bis zum Anheuern eines Auftragskillers. Diese Behauptungen sind nicht von der Hand zu weisen, allerdings sind auch circa 40 Prozent der Inhalte im Darknet legal. Durch die Anonymität ist es zum Beispiel ein sicherer Ort für Journalisten, um ihre Geschichten zu teilen oder ein Schutz für Menschen, die diesen für ihre Kommunikation benötigen. Zu diesen gehören beispielsweise politisch Unterdrückte oder Oppositionelle aus diktaturgeführten Ländern.

Die Anonymität des Darknets wird aber leider zu einem Großteil verwendet, um negativen Konsequenzen zu entgehen, wie zum Beispiel einer Strafverfolgung. Der größte Anteil der Nutzer stammt dabei aus den USA, dicht gefolgt von Deutschland und Russland. Aber wie funktioniert dieser versteckte Teil des Internets, welcher unsichtbar für alle ist, die mit Standard-Browsern unterwegs sind?

Das Darknet läuft in einem bestimmten Netzwerk – dem Tor-Netzwerk. Um Inhalte aufrufen zu können, benötigt man eine besondere Software, üblicherweise den Tor-Browser. Tor steht für „The Onion Router", auf deutsch „Der Zwiebel-Router". Die Bezeichnung Zwiebel weist auf die vielen Schichten hin, die die Daten durchdringen müssen.

Beim gewöhnlichen Surfen sind alle Anwendungen und jede Kommunikation zurück verfolgbar, währenddessen sorgen die Anwendungen des Tor-Browsers dafür, dass alles anonym bleibt. Dafür wird der Datenverkehr verschlüsselt und über mehrere Rechner umgeleitet.

Auch wenn die Nutzung des Darknets in den meisten Ländern legal ist, machen es die illegalen Inhalte und Aktivitäten, die dort regelmäßig zu finden sind, zu einem zwielichtigen Ort. Sowohl das Surfen als auch die Suche kann im Darknet, auch ohne Kauf von illegalen Dienstleistungen und Waren, schnell gefährlich werden.

Sobald sogenannte Thumbnails, kleine Vorschaubilder von Inhalten, erscheinen und kurz auf dem Computer gespeichert werden, könnte dies schon für eine Anzeige ausreichen.

Also Vorsicht beim unbedarften Surfen in einer dunklen Welt!

DATA ACT

Im Februar letzten Jahres habe ich in einer meiner ersten Kolumnen über den sogenannten Digital Service Act (DSA) geschrieben. Seitdem ist auf europäischer Ebene viel passiert, kurz vor den französischen Präsidentschaftswahlen ist der DSA vom EU-Parlament mit über 100 Änderungen gegenüber dem ursprünglichen Entwurf verabschiedet worden.

Ich werde demnächst den aktuellen Stand berichten, schließlich handelt es sich bei dem DSA um nichts weniger als ein neues Grundgesetz für das Internet. Heute möchte ich aber über den sogenannten Data Act sprechen, einer weiteren, von der EU-Kommission geplanten Verordnung zur Regulierung im Internet. DSA, DSGVO, nun der Data Act, da kann man schon einmal durcheinanderkommen. Schätzungen zufolge produziert die ganze Welt mehr als 100 Zettabyte Daten pro Jahr, damit sind sie der wichtigste Rohstoff unserer Zeit.

Der Data Act soll den Besitz von Daten in wenigen Händen weiter aufbrechen und sieht beispielsweise vor, dass Nutzer Zugriff auf Daten erhalten, die mit ihren Daten vernetzt sind. Das heißt, wenn Sie zum Frühstück mit einem der beliebten Sprachassistenten sprechen, haben Sie zukünftig das Recht, diese und die damit vernetzten Daten zu erhalten und sie auch weiter zu verwenden. Das klingt erst einmal sehr kompliziert und die Praxis wird zeigen, wie die Verordnung umgesetzt werden kann. Insbesondere in Verbindung mit den anderen Regelwerken scheint es zurzeit wie eine Art Puzzleteil, ohne zu wissen, wie das Gesamtbild aussieht.

Bei der Datenschutz-Grundverordnung (DSGVO) geht es darum, die Datenbestände auf das gesetzlich Erlaubte zu minimieren. Trotzdem ist das Datenwachstum enorm, der Data

Act soll dies regulieren und die Rechte der europäischen Nutzer weiter stärken. Außerdem soll der Wechsel zwischen den verschiedenen Cloudsystemen erleichtert werden. Was sicherlich kritisch zu sehen ist, öffentliche Stellen sollen im Notfall wie beispielsweise bei Naturkatastrophen oder einer Pandemie auch Zugriff auf diese Daten erhalten.

Ich bin sehr gespannt, wie diese Regelungen in den Mitgliedsstaaten umgesetzt werden und vor allem, wie sich die Datenschützer dazu aufstellen. Der Data Act soll gleichzeitig auch die Wettbewerbsfähigkeit der europäischen Unternehmen stärken. Daher hoffe ich, dass sich der bürokratische Aufwand mit der neuen Verordnung gerade für den Mittelstand in erträglichen Maßen hält. Nicht, dass es so endet wie bei Asterix und Obelix mit dem berühmten Passagierschein A38 und Europa das "Haus ist, was Verrückte macht".

DATA MINING

Die Digitalisierung hat eine Flut von Daten hervorgebracht, die das Potenzial haben, unser Verständnis der Welt zu revolutionieren. Im Zentrum dieser Revolution steht das Data Mining, ein Prozess, der den Einsatz von Algorithmen und statistischen Methoden zur Extraktion und Identifizierung nützlicher Informationen und Wissensmuster aus großen Datenmengen beinhaltet.

Ein zentraler Aspekt des Data Mining ist die Anwendung von maschinellem Lernen und statistischen Modellen, um Muster und Beziehungen in Daten zu erkennen. Diese Modelle können verwendet werden, um Vorhersagen zu treffen, Entscheidungen zu unterstützen und Einblicke in komplexe Phänomene zu gewinnen.

Ein weiterer wichtiger Aspekt des Data Mining ist die Datenbereinigung und -vorbereitung. Dies beinhaltet das Entfernen von Fehlern und Ausreißern, das Füllen von fehlenden Werten und das Transformieren von Daten in ein Format, das für die Analyse geeignet ist.

Data Mining findet Anwendung in einer Vielzahl von Bereichen, darunter Marketing, Gesundheitswesen, Finanzen und Produktion. Im Marketing kann Data Mining beispielsweise dazu verwendet werden, Kundensegmente zu identifizieren, Kaufverhalten zu analysieren und personalisierte Werbekampagnen zu erstellen.

Darüber hinaus kann Data Mining dazu beitragen, die betriebliche Effizienz zu verbessern. Durch die Analyse von Betriebsdaten können Unternehmen Engpässe identifizieren, Prozesse optimieren und Ressourcen effizienter nutzen.

Trotz der vielen Vorteile von Data Mining gibt es auch Herausforderungen. Dazu gehören Fragen des Datenschutzes und der Datensicherheit, die Notwendigkeit, große Datenmengen zu verarbeiten, und die Schwierigkeit, die Qualität und Relevanz der Ergebnisse zu bewerten.

Insgesamt ist Data Mining ein leistungsstarkes Werkzeug, das Unternehmen dabei helfen kann, fundierte Entscheidungen zu treffen, ihre Leistung zu verbessern und Wettbewerbsvorteile zu erzielen. Es ist an der Zeit, dass wir die Bedeutung von Data Mining anerkennen und in seine Entwicklung investieren.

DATENSILO

In der heutigen datengesteuerten Welt sind Unternehmen und Organisationen in hohem Maße auf Daten angewiesen, um gute Entscheidungen treffen zu können, das Wachstum zu fördern und die Wettbewerbsfähigkeit zu erhalten. Doch trotz der Fülle der verfügbaren Daten fällt es vielen Unternehmen schwer, daraus nützliche Erkenntnisse abzuleiten. Der Übeltäter: Datensilos.

Datensilos sind getrennte Speicher für Daten, die häufig von bestimmten Teams oder Abteilungen innerhalb eines Unternehmens erstellt werden. Da diese Silos nicht in der Lage sind, mit anderen Datenquellen oder Systemen zu interagieren, sind die Daten des Unternehmens nur teilweise sichtbar. Sie führen zu Ineffizienzen, unnötiger Doppelarbeit und verpassten Innovationschancen.

Datensilos wirken sich nachteilig auf das Unternehmen als Ganzes aus. So ist es beispielsweise möglich, dass Marketingteams Kundeninformationen sammeln, die nie an die Vertriebsteams weitergegeben werden, was zu verpassten Absatzchancen führt. Oder Personalabteilungen verfügen über Informationen zur Mitarbeiterzufriedenheit, die nicht an das Management weitergegeben werden. Datensilos vergeuden nicht nur Ressourcen, sondern hindern Unternehmen auch daran, die Daten optimal zu nutzen.

Datensilos können aus mangelnder Zusammenarbeit oder mangelnder Bereitschaft zur gemeinsamen Nutzung von Daten entstehen, aber sie werden auch irrtümlich eingerichtet. Unabhängig von der Ursache ist es für Unternehmen wichtig, das Problem zu erkennen und Maßnahmen zur Beseitigung von Datensilos zu ergreifen.

Dies kann beispielsweise durch die Implementierung einer zentralen Datenplattform, die Erstellung von Data-Governance-Richtlinien oder die Förderung einer Kultur der Zusammenarbeit und gemeinsamen Nutzung von Datenstattfinden.

Um Innovation und Wachstum zu ermöglichen, müssen Datensilos aufgebrochen werden. Unternehmen werden neue Möglichkeiten finden, die Effizienz steigern und bessere Ergebnisse erzielen, wenn sie auf alle ihre Daten zugreifen und sie analysieren. Unternehmen können den Wert ihrer Daten maximieren und sich im aktuellen Wettbewerbsumfeld einen Vorteil verschaffen, indem sie die unsichtbaren Barrieren beseitigen, die einem ungehinderten Datenfluss im Wege stehen.

Datensilos sind unter anderem diese unsichtbaren Barrieren für Innovationen. Unternehmen können den Wert ihrer Daten maximieren und in der heutigen datengesteuerten Welt erfolgreich sein, indem sie eine Kultur der gemeinsamen Datennutzung und Zusammenarbeit fördern.

DEEP LEARNING

Deep Learning, ein Unterbereich des maschinellen Lernens, hat in den letzten Jahren eine Revolution in der künstlichen Intelligenz ausgelöst. Es nutzt künstliche neuronale Netze mit vielen Schichten - daher der Name "Deep" - um komplexe Muster in großen Datenmengen zu erkennen. Deep Learning ist mehr als nur eine Technologie. Es ist ein Paradigmenwechsel in der Art und Weise, wie wir über künstliche Intelligenz denken und sie nutzen. Durch die Nachbildung der Art und Weise, wie das menschliche Gehirn funktioniert, ermöglicht Deep Learning Maschinen, auf eine Weise zu lernen und zu denken, die bisher nicht möglich war. Ein Schlüsselelement des Deep Learning ist das Konzept der neuronalen Netze. Diese sind nach dem Vorbild des menschlichen Gehirns gestaltet und bestehen aus miteinander verbundenen Knoten oder "Neuronen", die Informationen verarbeiten und weiterleiten können. Durch das Training dieser Netze mit großen Mengen an Daten können sie lernen, Muster zu erkennen und Vorhersagen zu treffen.

Deep Learning hat zahlreiche Anwendungen, von der automatischen Spracherkennung über die Bilderkennung bis hin zur Vorhersage von Krankheiten. Es ist die treibende Kraft hinter vielen der KI-Systeme, die wir heute nutzen, von Sprachassistenten wie Siri und Alexa bis hin zu Empfehlungssystemen wie denen von Netflix und Amazon.

Die Stärke des Deep Learning liegt in seiner Fähigkeit, aus Daten zu lernen. Im Gegensatz zu traditionellen KI-Systemen, die auf vorprogrammierten Regeln basieren, lernen Deep-Learning-Modelle direkt aus den Daten. Sie können komplexe Muster erkennen und Vorhersagen treffen, die weit über das hinausgehen, was mit herkömmlichen Methoden möglich ist.

Aber Deep Learning ist nicht ohne Herausforderungen. Es erfordert große Mengen an Daten und Rechenleistung und die Modelle können schwer zu interpretieren sein. Zudem gibt es ethische Fragen im Zusammenhang mit Datenschutz und Verzerrung.

Trotz dieser Herausforderungen ist die Zukunft des Deep Learning vielversprechend. Mit fortschreitender Technologie und wachsendem Verständnis seiner Möglichkeiten und Grenzen könnte Deep Learning die Art und Weise, wie wir Technologie nutzen und verstehen, grundlegend verändern.

Deepfakes, eine Kombination aus "Deep Learning" und "Fake", sind künstlich erzeugte Videos, die echte Menschen zeigen, die Dinge tun oder sagen, die sie nie getan oder gesagt haben. Sie sind das Ergebnis fortschrittlicher künstlicher Intelligenz und maschinellem Lernen, insbesondere von Technologien wie Generative Adversarial Networks (GANs).

Die Erstellung von Deepfakes erfordert erhebliche Rechenleistung und technisches Know-how. Zudem ist die Qualität der Deepfakes stark von der Qualität der Eingabedaten abhängig. Je mehr Daten zur Verfügung stehen und je besser diese Daten sind, desto realistischer werden die Deepfakes.

Deepfakes haben das Potenzial, die Art und Weise, wie wir Informationen konsumieren und vertrauen, grundlegend zu verändern. Sie können verwendet werden, um überzeugende gefälschte Nachrichten zu erstellen, politische Diskurse zu manipulieren, Prominente zu diffamieren oder Personen in kompromittierenden Situationen darzustellen. Während die Technologie zur Erstellung von Deepfakes immer besser wird, entwickeln Forscher auch Technologien zur Erkennung von Deepfakes. Diese Technologien analysieren verschiedene Aspekte eines Videos, wie z.B. die Lippenbewegungen oder das Augenblinzeln, um Anomalien zu erkennen, die auf ein Deepfake hinweisen könnten.

Deepfakes sind aber nicht nur eine Bedrohung. Sie haben auch positive Anwendungen. In der Filmindustrie können Deepfakes verwendet werden, um realistischere visuelle Effekte zu erzeugen oder verstorbene Schauspieler in Filmen wieder zum Leben zu erwecken. In der virtuellen Realität können sie dazu beitragen, realistischere und immersivere Erfahrungen zu schaffen.

Trotzdem überwiegen die potenziellen Missbräuche und Gefahren von Deepfakes. Es ist wichtig, dass wir uns der Existenz und der Möglichkeiten von Deepfakes bewusst sind und lernen, sie zu erkennen. Gleichzeitig müssen wir Gesetze und Vorschriften entwickeln, um ihren Missbrauch zu verhindern und die Verbreitung von Desinformation einzudämmen.

Insgesamt sind Deepfakes ein beeindruckendes Beispiel für die Macht und das Potenzial von KI, aber auch eine Erinnerung daran, dass wir mit dieser Macht verantwortungsbewusst umgehen müssen. Wie bei jeder Technologie liegt es an uns, wie wir sie nutzen und welche Auswirkungen sie auf unsere Gesellschaft hat.

DESIGN THINKING

Heute geht es um eine Methode, die vordergründig nichts mit Digitalisierung zu tun hat. Aber durch die immer höhere Komplexität und immer kürzer werdenden Produktzyklen kommt es gerade bei der Entwicklung digitaler Geschäftsmodelle zunehmend auf einen robusten und flexiblen Ideenprozess an.

Natürlich gibt es auch weiterhin diese einzelnen genialen Erfinder, die scheinbar ein neues Produkt aus der Tasche zaubern und damit die Welt erobern. In der Regel sind neue Produckte und Geschäftsideen aber das Ergebnis eines aufwändigen und intensiven Ideenfindungsprozesses von Teams, die dafür vom Unternehmen den notwendigen Freiraum erhalten haben. Sehr oft wird dabei die sogenannte Design Thinking Methode angewendet.

Diese Methode, auch in Deutschland seit 15 Jahren immer häufiger eingesetzt, hat ihren Namen von der Arbeitsweise von Designern und ist in den 1990er Jahren am Stanford Institute entstanden. Der Inhalt dieser Methode ist das genaue Beobachten und Ausprobieren von Nutzerverhalten.

Design Thinking kann sowohl einmalig, z.B. für das Entwickeln einer neuen Unternehmensstrategie oder aber als permanenter Prozess für die Weiterentwicklung vorhandener Produkte durchgeführt werden. Der Erfolg der Methode hängt sehr davon ab, wie verschiedenartig oder neudeutsch gesagt, wie heterogen das Team und wie flexibel die Arbeitsumgebungen sind. Im Zeitalter der Digitalisierung gibt es großartige Beispiele für neue Produkte, die mit Hilfe der Design Thinking Methode entwickelt wurden. Aus reiner Geldnot vermieteten 2007 zwei Designstudenten in San Francisco in ihrer Wohnung Schlafplätze auf Luftmatratzen.

Das Unternehmen Airbedandbreakfast war geboren, ohne dass die Beiden ahnten, damit in den darauffolgenden Jahren den Hotelmarkt weltweit zu revolutionieren. Als aus der Idee mit dem Matratzenlager die berühmte Airbnb Plattform entstand, war sie nicht sofort der große Hit.

Durch einen langwierigen Design Thinking Prozess fanden die beiden Gründer heraus, dass der Erfolg des Übernachtungsangebotes hauptsächlich von den Fotos abhängig ist. Sie entwickelten ein neues Fotoprogramm, was Vermietern hilft, ihr Angebot mit professionellen und einladenden Fotos zu bewerben.

Das war letztendlich der Beginn der weltweiten Erfolgsstory. Dass es auch in Deutschland möglich ist, neue kreative Innovationen zu entwickeln, bewiesen die beiden Erfinder der Toniebox. Das konsequent aus Sicht der Zielgruppe Kinder im Alter zwischen 3 und 10 Jahren entwickelte Produkt ist sehr einfach anwendbar, robust und lenkt nicht durch Displays vom Hörspielgenuss ab.

Ich gebe zu, über dieses Thema zu schreiben ist mir sehr schwergefallen, geht es doch um „digitale Entgiftung", die immer mehr gepriesen wird. Schon wegen dieser Kolumne kann ich ein solches Experiment nicht selbst durchführen und über Erkenntnisse berichten. Schätzungen zu Folge entsperren wir Deutschen unser Handy durchschnittlich alle 8 Minuten oder anders ausgedrückt, benutzen wir es fast 3,5 Stunden am Tag.

Dazu gehören vermutlich das tägliche Lesen von Zeitungen und News-Portalen oder auch Überweisungen per Banking App. Schließlich gibt es aber auch eine immer größere Gruppe von Menschen, die ihr Geld mit digitalen Endgeräten verdient. Für die wäre eine digitale Enthaltsamkeit maximal während des Urlaubes oder des Wochenendes möglich.

Fakt ist, und da spreche ich auch aus eigener Erfahrung, dass wir uns immer weniger konzentrieren können, da wir durch digitale Reize immer häufiger abgelenkt werden. Wer kennt es nicht, wenn im Zug oder im Büro ständig die unzähligen unterschiedlichen Signaltöne beim Eingang von Nachrichten, Anrufen oder App-News ertönen und man immer wieder aus seinen Gedanken oder seiner Lektüre gerissen wird. Und wenn es nicht die anderen sind, dann ist es der eigene Blick auf die gerade eingegangene 30. Chatnachricht, der einen beim Schreiben dieser Kolumne ablenkt. Daher versuche ich schon seit einiger Zeit, sogenannte Fokuszeiten durchzuhalten, das heißt, ich lege bewusst das Handy für eine gewisse Zeit in ein anderes Zimmer, um ungestört produktiv sein zu können.

Digital Detox soll dabei helfen, mehr Lebensqualität zu gewinnen, denn wer schon bei einem niedrigen Akkustand erhöhten Puls bekommt oder sein Handy nur entsperrt, um zu schauen, ob er nicht doch eine Chatnachricht verpasst hat, sollte sich dringend damit beschäftigen.

Mittlerweile gibt es auch dafür entsprechende Apps, die die digitale Entgiftung unterstützen. So kann man mit Ihnen zum Beispiel Zeitlimits für Anwendungen festlegen oder bestimmte Apps sperren. Andere beruhen auf der Pomodoro-Technik, nach der man produktiver ist, wenn man 25 Minuten konzentriert und ohne Ablenkung an einer Sache gearbeitet hat.

Die Orthopäden unter Ihnen wissen es schon lange, das ständige einhändige Schreiben und der permanente Blick auf das Handy verändern auch die Körperhaltung und verursachen zunehmend Rückenschmerzen.

Gründe genug, sich mit dem Thema Digital Detox intensiver zu beschäftigen und seine eigenen digitalen Aktivitäten zu überdenken. Ohne jedoch die Digitalisierung zu verteufeln und die enormen Mehrwerte zu schätzen.

DIGITAL ENGINEERING

Digital Engineering ist ein aufstrebendes Feld, das die Kraft der digitalen Technologien nutzt, um den Prozess des Entwerfens, Testens und Herstellens von Produkten zu revolutionieren. Es ist eine Fusion von traditionellen Ingenieurprinzipien und modernen digitalen Werkzeugen und Methoden. Im Wesentlichen geht es um die Anwendung digitaler Werkzeuge und Praktiken, um das Design, die Entwicklung und den Betrieb von Systemen zu verbessern. Es ist eine interdisziplinäre Disziplin, die Elemente aus Bereichen wie Informatik, Ingenieurwissenschaften und Datenanalyse integriert.

Im Kern des Digital Engineering steht das Konzept der digitalen Zwillinge. Ein digitaler Zwilling ist eine virtuelle Repräsentation eines physischen Produkts oder Systems, das verwendet werden kann, um dessen Leistung unter verschiedenen Bedingungen zu simulieren und zu analysieren. Dies ermöglicht es Ingenieuren, Produkte zu optimieren und Probleme zu identifizieren und zu beheben, bevor sie in der realen Welt auftreten. Ein zentraler Aspekt des Digital Engineering ist die Verwendung von Simulation und Modellierung. Durch die Erstellung detaillierter digitaler Modelle von Produkten oder Systemen können Ingenieure das Verhalten dieser Elemente unter verschiedenen Bedingungen simulieren. Dies ermöglicht es ihnen, Designentscheidungen zu treffen, die auf soliden Daten und Analysen basieren, anstatt auf Vermutungen oder Annahmen.

Ein weiterer wichtiger Aspekt des Digital Engineering ist die Nutzung von Daten. Durch die Sammlung und Analyse großer Mengen an Betriebs- und Leistungsdaten können Ingenieure wertvolle Einblicke gewinnen, die zur Verbesserung der Produktqualität und -leistung genutzt werden können. Die Vorteile sind vielfältig. Es kann zu verbesserten Designentscheidungen, reduzierten Entwicklungszeiten und verbesserten Systemleistungen führen. Darüber hinaus kann es dazu beitragen, die Zusammenarbeit und Kommunikation innerhalb von Engineering-Teams zu verbessern und die Qualität und Genauigkeit der technischen Dokumentation zu verbessern.

Die Zukunft des Digital Engineering ist vielversprechend. Mit fortschreitender Technologie und wachsendem Verständnis ihrer Möglichkeiten und Grenzen könnte es die Art und Weise, wie wir Produkte entwerfen und herstellen, grundlegend verändern.

DIGITAL HUB

In den letzten Jahren haben sich unsere Städte in Zentren der Innovation verwandelt. Digital Hubs haben dabei eine entscheidende Rolle gespielt. Mit einem großen Angebot an Möglichkeiten bieten sie die perfekte Bühne für Kreativität, Wissensaustausch und unternehmerisches Wachstum.

Ein Digital Hub ist ein lebendiger Raum, in dem sich Start-ups, Technologieenthusiasten und Investoren treffen, um Ideen zu teilen und Projekte voranzutreiben. Sie sind nicht nur physische Räume, sondern auch Plattformen für digitale Kollaboration und Vernetzung. Sie agieren als Katalysatoren für Innovation, indem sie Wissen, Ressourcen und Kontakte bündeln.

Einige sind das Resultat der „Digital Hub Initiative" des Bundesministeriums für Wirtschaft und Energie. Doch es gibt auch viele private Initiativen, die ihr Potenzial erkannt und aufgegriffen haben.

Durch die Hubs wird eine vielfältige Gemeinschaft von Experten aus verschiedenen Branchen herangezogen. Von Softwareentwicklern über Designer bis hin zu Marketingexperten – hier treffen Menschen mit unterschiedlichem Fachwissen aufeinander, was zu einem eigenen Ökosystem führt. Diese Mischung fördert den interdisziplinären Austausch, der oft der Funke für innovative Ideen ist.

In ganz Deutschland sind mittlerweile Dutzende von Digitalen Hubs aktiv und bilden ein starkes Netzwerk. Ein Beispiel ist der „Digital Hub Cybersecurity" in Darmstadt, in dem Experten im Bereich der Cybersicherheit gebündelt werden oder der „Digital Hub Mobility" in München, der sich intensiv mit der Mobilitätsbranche auseinandersetzt.

Ein Schlüsselelement ist die enge Zusammenarbeit zwischen etablierten Unternehmen und Startups. Traditionelle Unternehmen können von der Agilität und dem frischen Denken der Startups profitieren, während letztere von den Ressourcen und dem Erfahrungsschatz der etablierten Akteure profitieren können.

Innovation ist aber nicht der einzige Fokus der Hubs. Sie spielen auch eine entscheidende Rolle bei der Förderung von Bildung und Weiterbildung. Sie bieten Workshops, Schulungen und Networking-Events an, um Fähigkeiten zu entwickeln und Wissen zu erweitern, was zur Schaffung einer informierten, zukunftsorientierten Gesellschaft beiträgt.

Es gibt aber auch Herausforderungen: Wachstumsdruck, Ressourcenknappheit und steigende Mieten können die Entwicklungen der Digital Hubs beeinträchtigen. Es ist wichtig, Maßnahmen zu ergreifen, um die Nachhaltigkeit dieser Räume zu gewährleisten, damit sie für alle Beteiligten zugänglich bleiben.

DIGITAL NATIVE

Die Bezeichnung Digital Native hat sich im Laufe der letzten Jahre zu einem festen Begriff entwickelt, der eine Generation beschreibt, die in der digitalen Welt aufgewachsen ist. Der Begriff bedeutet übersetzt „Digital Eingeborener" und wurde 2001 von Marc Prensky veröffentlicht. Das Gegenstück dazu ist der Begriff des „Digital Immigrant" also eine Personengruppe, welche die neuen Technologien erst im Erwachsenenalter kennengelernt hat.

Doch was bedeutet es ein Digital Native zu sein? Ist es nur eine Frage des Alters oder steckt mehr dahinter?

Ursprünglich bezog sich der Begriff auf die, die in einer Ära aufwuchsen, in der Technologie ein fester Bestandteil des Alltags wurde. Doch in der heutigen Zeit, in der Smartphones als natürliche Erweiterungen unserer Hände angesehen werden und der Zugang zum Internet als selbstverständlich gilt, hat sich die Definition weiterentwickelt. Es geht nicht nur um das Geburtsjahr, sondern um eine tiefgreifende Verbindung und ein umfassendes Verständnis für digitale Technologien.

Der Digital Native verkörpert eine Generation, die nicht nur die technologischen Entwicklungen adaptiert, sondern auch eine neue Art der Denkweise und des Handelns entwickelt hat. Es geht um mehr als nur die Fähigkeit, ein Smartphone oder soziale Medien zu bedienen - es ist eine symbiotische Beziehung zur Technologie, die in sämtliche Lebensbereiche eindringt.

Für viele von uns Digital Natives ist es schwer vorstellbar, wie die Welt ohne ständigen Informationszufluss rund um die Uhr aussehen würde. Wir sind daran gewöhnt, mit Menschen auf der ganzen Welt in Echtzeit zu interagieren. Diese nahtlose Integration von Technologie hat unser Leben verändert, definiert aber auch, wer wir sind.

Die Vorteile sind offensichtlich, doch es birgt auch viele Nachteile. Die ständige Ablenkung durch Benachrichtigungen, der innere Druck, stets online präsent zu sein und die damit verbundene Informationsflut können zu Stress und Abhängigkeiten führen. Die Grenze zwischen der realen Welt und digitalen Welt verschwimmt zunehmend und die Herausforderung besteht darin, ein gesundes Gleichgewicht zu finden.

Dennoch können wir nicht leugnen, dass wir als Digital Natives auch das Potenzial haben, die Welt zu verändern. Unsere Fähigkeit, uns schnell an neue Technologien anzupassen und kreativ damit umzugehen, hat bereits zu Innovationen in allen Bereichen geführt. Wir sind die treibende Kraft hinter neuen Ideen, Start-ups und disruptiven Technologien.

Der Digital Services Act, kurz DSA, ist ein bahnbrechendes Gesetz, das die digitale Landschaft in Europa neugestaltet. Es zielt darauf ab, die Verantwortung von Online-Plattformen zu stärken und gleichzeitig die Rechte der Nutzer zu schützen. Dies ist ein wichtiger Schritt, da die digitale Welt immer mehr Einfluss auf unser tägliches Leben hat. Von sozialen Medien bis hin zu Online-Shopping, die Art und Weise, wie wir interagieren und konsumieren, hat sich durch die Digitalisierung grundlegend verändert.

Die Hauptziele des DSA sind die Gewährleistung von Transparenz, die Bekämpfung illegaler Inhalte und die Förderung von Wettbewerb. Es legt klare Regeln für die Entfernung illegaler Inhalte fest und verpflichtet Plattformen, ihre Algorithmen offenzulegen. Dies ermöglicht es den Nutzern, besser zu verstehen, wie Inhalte priorisiert werden. Dies ist besonders wichtig, da Algorithmen oft undurchsichtig sind und es schwierig ist zu verstehen, warum bestimmte Inhalte angezeigt werden.

Der DSA ist auch ein Schritt in Richtung größerer Wettbewerbsfähigkeit. Er verpflichtet Gatekeeper-Unternehmen, ihre Daten mit kleineren Akteuren zu teilen, was zu einer vielfältigeren und dynamischeren digitalen Wirtschaft führen könnte. Dies könnte dazu beitragen, Monopole zu brechen und eine gesündere Wettbewerbslandschaft zu schaffen.

Kritiker des DSA äußern jedoch Bedenken hinsichtlich der Umsetzung und Durchsetzung dieser Regeln. Sie argumentieren, dass die Definition von "illegalen Inhalten" zu vage ist und dass die Offenlegung von Algorithmen die Plattformen anfällig für Missbrauch machen könnte. Diese Bedenken sind berechtigt und es ist wichtig, dass sie im weiteren Verlauf der Gesetzgebung berücksichtigt werden.

Trotz dieser Bedenken ist der DSA ein mutiger Schritt in Richtung einer gerechteren und transparenteren digitalen Zukunft. Es bleibt abzuwarten, wie er in der Praxis umgesetzt wird und welche Auswirkungen er auf die digitale Landschaft in Europa haben wird. Es ist klar, dass wir uns in einer entscheidenden Phase der digitalen Regulierung befinden, und der DSA wird zweifellos einen wesentlichen Einfluss darauf haben, wie diese Zukunft aussieht.

Insgesamt ist der DSA ein wichtiger Schritt in Richtung einer gerechteren und transparenteren digitalen Zukunft. Es bleibt abzuwarten, wie er in der Praxis umgesetzt wird und welche Auswirkungen er auf die digitale Landschaft in Europa haben wird. Es ist klar, dass wir uns in einer entscheidenden Phase der digitalen Regulierung befinden, und der DSA wird zweifellos einen wesentlichen Einfluss darauf haben, wie diese Zukunft aussieht. Es ist eine spannende Zeit, in der wir Zeugen der Gestaltung unserer digitalen Zukunft sind.

DIGITALE GESUNDHEITSANWENDUNGEN (DIGA)

Digitale Gesundheitsanwendungen, kurz DiGa, auch als "Gesundheits-Apps auf Rezept" bekannt, sind ein aufstrebendes Feld in der Medizin und Gesundheitsversorgung. Sie repräsentieren die Verschmelzung von Technologie und Gesundheitswesen und haben das Potenzial, die Art und Weise, wie wir Gesundheitsdienstleistungen nutzen und erleben, grundlegend zu verändern.

DiGa sind Anwendungen, die auf Smartphones oder anderen digitalen Geräten laufen und dazu dienen, die Gesundheit und das Wohlbefinden der Nutzer zu fördern. Sie können eine Vielzahl von Funktionen haben, von der Überwachung von Vitalparametern über die Bereitstellung von Gesundheitsinformationen bis hin zur Unterstützung bei der Behandlung von Krankheiten.

Der Hauptvorteil von DiGa liegt in ihrer Zugänglichkeit und Bequemlichkeit. Sie ermöglichen es den Nutzern, ihre Gesundheit aktiv zu verwalten und Zugang zu Gesundheitsdienstleistungen zu haben, ohne physisch in einer Gesundheitseinrichtung anwesend sein zu müssen. Dies war besonders wichtig in Zeiten von COVID-19, wo die Fähigkeit, Gesundheitsdienstleistungen aus der Ferne zu nutzen, von unschätzbarem Wert war.

Die Entwicklung von DiGa hat auch dazu beigetragen, die Gesundheitsversorgung zu demokratisieren. Indem sie Gesundheitsinformationen und -dienstleistungen für eine breitere Bevölkerung zugänglich machen, helfen sie, Ungleichheiten in der Gesundheitsversorgung zu verringern und eine inklusivere Gesundheitslandschaft zu schaffen. Ein weiterer wichtiger Aspekt von DiGa ist die Möglichkeit zur Fernüberwachung und -betreuung. Mit Sensoren und Wearables können Gesundheitsdaten in Echtzeit erfasst und an Gesundheitsdienstleister gesendet werden. Dies ermöglicht eine kontinuierliche Überwachung des Gesundheitszustands eines Patienten und kann dazu beitragen, potenzielle Gesundheitsprobleme frühzeitig zu erkennen. Darüber hinaus können DiGa auch zur Verbesserung der Therapietreue beitragen. Sie können Erinnerungen an die Einnahme von Medikamenten senden, Fortschritte verfolgen und Feedback geben, was dazu beitragen kann, dass Patienten ihre Behandlungspläne einhalten. Ein weiterer Vorteil von DiGa ist die Möglichkeit, große Mengen an Gesundheitsdaten zu sammeln und zu analysieren. Diese Daten können verwendet werden, um Muster und Trends zu erkennen, Vorhersagemodelle zu erstellen und personalisierte Gesundheitsinterventionen zu entwickeln. Dies könnte einen Paradigmenwechsel in der Gesundheitsversorgung darstellen, von einer reaktiven zu einer proaktiven und personalisierten Versorgung.

Trotz der vielen Vorteile von DiGa gibt es auch Herausforderungen. Dazu gehören Fragen der Datensicherheit und des Datenschutzes, die Notwendigkeit, die digitale Infrastruktur zu verbessern und die Notwendigkeit, sicherzustellen, dass alle Bürger Zugang zu digitalen Gesundheitsdiensten haben. Es ist wichtig, diese Herausforderungen anzugehen, um das volle Potenzial von DiGa auszuschöpfen.

DIGITALE IDENTITÄT

Die digitale Identität ist ein facettenreiches Konzept, das in der heutigen vernetzten Welt immer relevanter wird. Sie ist ein Ausdruck unserer Präsenz im digitalen Raum und besteht aus einer Vielzahl von Daten und Informationen, die wir online teilen, bewusst oder unbewusst.

Unsere digitale Identität ist ein Spiegelbild unserer physischen Identität, aber sie geht weit darüber hinaus. Sie umfasst nicht nur unsere persönlichen Daten, sondern auch unsere Vorlieben, Interessen und Online-Verhaltensweisen. Sie ist ein integraler Bestandteil unserer digitalen Existenz und beeinflusst, wie wir uns selbst sehen und wie andere uns wahrnehmen.

In sozialen Netzwerken ermöglicht unsere digitale Identität uns, Beziehungen zu pflegen, Meinungen auszutauschen und Teil einer Gemeinschaft zu sein. Im beruflichen Kontext kann sie unsere berufliche Identität widerspiegeln und beeinflusst, wie wir von Kollegen, Vorgesetzten und Kunden wahrgenommen werden.

Die digitale Identität spielt auch eine entscheidende Rolle bei der Nutzung von Online-Diensten. Viele Dienste erfordern eine Form der digitalen Identifizierung, um Zugang zu gewähren oder Transaktionen durchzuführen. Dies kann von der Eingabe eines Benutzernamens und Passworts bis hin zur Verwendung von biometrischen Daten reichen.

Jedoch birgt die digitale Identität auch Risiken. Datenmissbrauch, Identitätsdiebstahl und Verletzungen der Privatsphäre sind nur einige der Herausforderungen, denen wir uns stellen müssen. Daher ist es wichtig, dass wir uns der Bedeutung unserer digitalen Identität bewusst sind und Maßnahmen ergreifen, um sie zu schützen.

Zum Schutz unserer digitalen Identität sollten wir vorsichtig sein, welche Informationen wir online teilen, starke und einzigartige Passwörter verwenden und regelmäßig unsere Online-Konten überprüfen. Darüber hinaus sollten wir uns über die neuesten Sicherheitsbedrohungen informieren und sicherstellen, dass unsere Geräte und Anwendungen auf dem neuesten Stand sind.

Schließlich ist es wichtig zu erkennen, dass die digitale Identität auch ethische und rechtliche Fragen aufwirft. Fragen der Privatsphäre, des Datenschutzes und der Datensicherheit sind eng mit der digitalen Identität verbunden und erfordern sorgfältige Überlegungen und Maßnahmen.

Insgesamt ist die digitale Identität ein komplexes und vielschichtiges Konzept, das sowohl Chancen als auch Herausforderungen bietet. Es ist wichtig, dass wir uns ihrer Bedeutung bewusst sind und Maßnahmen ergreifen, um sie zu schützen und zu pflegen. Denn letztendlich ist unsere digitale Identität ein wesentlicher Teil dessen, wer wir sind und wie wir in der digitalen Welt agieren.

DIGITALE KONTAKTNACHVERFOLGUNG

Die digitale Kontaktnachverfolgung hat sich als ein entscheidendes Instrument in der Bekämpfung von COVID-19 und anderen übertragbaren Krankheiten erwiesen. Durch die Nutzung moderner Technologien können Gesundheitsbehörden schnell und effizient Personen identifizieren, die möglicherweise einem Infektionsrisiko ausgesetzt waren.

Eine der bekanntesten Anwendungen der digitalen Kontaktnachverfolgung ist die Corona-Warn-App. Diese App nutzt Bluetooth-Technologie, um anonyme "Handshakes" zwischen den Geräten von Personen zu ermöglichen, die sich in der Nähe zueinander aufgehalten haben. Wenn eine Person positiv auf COVID-19 getestet wird, kann sie diese Information freiwillig in der App teilen. Die App sendet dann Benachrichtigungen an alle Personen, die in den letzten Tagen in der Nähe des Infizierten waren.

Die digitale Kontaktnachverfolgung bietet mehrere Vorteile gegenüber traditionellen Methoden. Sie ist schneller, da sie auf automatisierten Prozessen basiert und nicht auf manuellen Interviews. Sie ist auch genauer, da sie auf objektiven Daten basiert und nicht auf dem Gedächtnis der Menschen angewiesen ist.

Trotz dieser Vorteile gibt es auch Herausforderungen bei der Implementierung der digitalen Kontaktnachverfolgung. Datenschutz ist eine große Sorge, da die App Zugang zu sensiblen Informationen haben kann. Es ist wichtig, dass die Privatsphäre der Benutzer gewahrt bleibt und dass die Daten sicher und anonym gespeichert werden.

Ein weiteres Problem ist die Akzeptanz der Technologie. Damit die digitale Kontaktnachverfolgung effektiv ist, muss eine ausreichende Anzahl von Personen die App nutzen. Dies erfordert Aufklärungsarbeit und Vertrauensbildung bei den Bürgern.

Insgesamt ist die digitale Kontaktnachverfolgung ein leistungsstarkes Werkzeug im Kampf gegen übertragbare Krankheiten. Sie bietet eine effiziente und effektive Methode zur Identifizierung und Benachrichtigung von Kontaktpersonen. Trotz der Herausforderungen hat sie das Potenzial, einen wesentlichen Beitrag zur Eindämmung von Pandemien zu leisten und letztlich Leben zu retten. Es ist an der Zeit, dass wir diese Technologie umarmen und in die Zukunft der öffentlichen Gesundheit investieren. Es ist eine aufregende Zeit, in der wir Zeugen einer technologischen Revolution sind, die das Potenzial hat, unser Leben auf tiefgreifende und unvorstellbare Weise zu verändern. Es ist an der Zeit, dass wir diese Technologie umarmen und in die Zukunft der digitalen Kontaktnachverfolgung investieren.

DIGITALE KUNST

Die Welt der Kunst hat sich in den letzten Jahren enorm verändert, dank der Entstehung und des Wachstums der digitalen Kunstformen. Die digitale Kunst ist eine Revolution, die den kreativen Prozess auf eine völlig neue Ebene hebt.

Aber was ist die digitale Kunst? Sie ist ein Oberbegriff für einen Bereich, der sich auf die Verwendung digitaler Technologien konzentriert, um Kunstwerke zu schaffen - sei es Malerei, Fotografie, Skulptur oder interaktive Kunstwerke. Sie ist eine Fusion von Kunst und Technologie, die Künstlern eine unglaubliche Bandbreite an Werkzeugen und Möglichkeiten bietet.

Das beeindruckende ist ihre Vielseitigkeit. Künstler können digitale Zeichentabletts, Computerprogramme, Grafikdesign-Software und 3D-Modellierungstools verwenden, um ihre Ideen zum Leben zu erwecken. Fehler können einfach behoben, Farben gemischt, Texturen angepasst und fantastische Werke geschaffen werden.

Ein weiterer Aspekt der digitalen Kunst ist ihre Zugänglichkeit und Reproduzierbarkeit. Im Gegensatz zur traditionellen Kunst, bei der Originalwerke physisch sind und oft an einem Ort verbleiben, können digitale Kunstwerke leicht reproduziert und über digitale Plattformen auf der ganzen Welt geteilt und verbreitet werden. Dies ermöglicht eine weitreichende Verbreitung und den Zugang für ein breiteres Publikum.

Darüber hinaus hat die digitale Kunst neue Formen der Interaktion und Teilhabe hervorgebracht. Interaktive Installationen, virtuelle Realitäten und digitale Kunstprojekte eröffnen neue Möglichkeiten für Betrachter, sich mit Kunst auseinanderzusetzen. So entsteht eine Welt, in der Kunst nicht nur betrachtet, sondern erlebt und erforscht wird.

Die Grenzen der Kreativität wurden so erweitert und neue Horizonte für Künstler eröffnet. Außerdem bietet es neuen Raum für Experimente, Innovationen und die Schaffung einzigartiger Ausdrucksformen. Von digitalen Gemälden bis hin zu animierten Kunstwerken gibt es keine Grenzen für das, was Künstler durch digitale Werkzeuge schaffen können.

Dennoch gibt es Diskussionen und Debatten über den Status der digitalen Kunst im Kunstmarkt und der traditionellen Kunstszene. Fragen nach der Authentizität, der Wertigkeit und der Unterscheidung zwischen Original und Kopie kommen auf. Aber trotz dieser Fragen wird die digitale Kunst als bedeutende und dynamische Kunstform anerkannt.

Sie ist ein Spiegelbild unserer Gesellschaft, in der Technologie und Kreativität miteinander verschmelzen, um etwas völlig Neues und Aufregendes zu schaffen.

DIGITALE MEDIENKOMPETENZ

Die digitale Medienkompetenz ist in der heutigen digital vernetzten Welt zu einer unverzichtbaren Fähigkeit geworden. Sie bezieht sich auf das Wissen, die Fähigkeiten und die Einstellungen, die notwendig sind, um digitale Medien effektiv und verantwortungsbewusst zu nutzen.

Ein wichtiger Aspekt der digitalen Medienkompetenz ist die Informationskompetenz. Dies beinhaltet die Fähigkeit, relevante Informationen in der Flut von digitalen Inhalten zu finden und zu bewerten. Es geht auch darum, zu verstehen, wie Suchmaschinen funktionieren und wie man Schlüsselwörter effektiv einsetzt.

Ein weiterer Aspekt ist die technische Kompetenz, die das Verständnis und die Fähigkeit zur Nutzung digitaler Werkzeuge und Plattformen umfasst. Dies reicht von grundlegenden Fähigkeiten wie der Bedienung eines Computers oder Smartphones bis hin zu fortgeschrittenen Fähigkeiten wie der Programmierung.

Die digitale Medienkompetenz umfasst auch die Fähigkeit, digitale Inhalte zu erstellen und zu teilen. Dies kann das Schreiben von Blog-Posts, das Erstellen von Videos, das Entwerfen von Grafiken oder das Entwickeln von Websites umfassen.

Wichtig ist außerdem das Verständnis für digitale Ethik und Sicherheit. Dies beinhaltet das Bewusstsein für Fragen des Datenschutzes, das Verständnis für Urheberrechte und das Wissen, wie man sich sicher in der digitalen Welt bewegt.

Darüber hinaus ist die Fähigkeit zur kritischen Reflexion über digitale Medien ein wichtiger Teil der digitalen Medienkompetenz. Dies beinhaltet das Hinterfragen von Informationen, das Erkennen von Vorurteilen und Fehlinformationen und das Verständnis für die sozialen und kulturellen Auswirkungen digitaler Technologien.

Die Förderung der digitalen Medienkompetenz erfordert eine konzertierte Anstrengung von Bildungseinrichtungen, Regierungen, Eltern und Einzelpersonen. Es ist wichtig, dass wir Möglichkeiten schaffen, um Menschen aller Altersgruppen und Hintergründe zu befähigen, sicher und effektiv in der digitalen Welt zu navigieren.

Insgesamt ist die digitale Medienkompetenz eine erreichbare und lohnende Fähigkeit. Sie ist ein Schlüsselwerkzeug, um in der digitalen Welt erfolgreich zu sein und sie verantwortungsbewusst zu gestalten. Es ist an der Zeit, dass wir die Bedeutung der digitalen Medienkompetenz anerkennen und in ihre Entwicklung investieren.

DIGITALE PIONIERE

In der digitalen Ära sind Pioniere diejenigen, die neue Wege beschreiten und die Grenzen des Möglichen erweitern. Sie sind die Architekten unserer digitalen Zukunft, die mutig genug sind, um unbekanntes Terrain zu betreten und innovative Lösungen für komplexe Probleme zu finden. Sie sind oft unsichtbare Helden. Sie arbeiten hinter den Kulissen, um Technologien zu entwickeln, die unser Leben verändern. Sie sind die kreativen Köpfe hinter den Apps, die wir täglich nutzen, den Plattformen, die uns verbinden und den Algorithmen, die unsere Welt antreiben.

Einer dieser Pioniere ist Tim Berners-Lee, der Erfinder des World Wide Web. Seine Vision von einem universellen Informationsraum hat die Art und Weise, wie wir kommunizieren, arbeiten und leben, grundlegend verändert. Aber er ist nicht der Einzige. Ein weiterer digitaler Pionier ist Shafi Goldwasser, eine Informatikerin, deren Beiträge zur Kryptographie und Komplexitätstheorie die Grundlage für viele moderne Sicherheitstechnologien bilden. Ihre Arbeit hat dazu beigetragen, das Internet zu einem sichereren Ort zu machen. Es gibt viele andere digitale Pioniere, die in verschiedenen Bereichen tätig sind, von künstlicher Intelligenz über Blockchain bis hin zu Cybersecurity und vielem mehr.

Diese Pioniere sind nicht nur Technologen. Sie sind auch Denker, die uns dazu anregen, über die Auswirkungen der digitalen Technologien auf unsere Gesellschaft nachzudenken. Sie fordern uns heraus, ethische Fragen zu stellen und sicherzustellen, dass die Technologie zum Wohle aller eingesetzt wird. Sie haben die digitale Landschaft geprägt und uns Werkzeuge an die Hand gegeben, um in einer immer stärker vernetzten Welt zu navigieren. Sie haben uns gezeigt, dass mit Kreativität, Entschlossenheit und technischem Know-how fast alles möglich ist.

Die digitale Revolution ist noch lange nicht vorbei. Jeden Tag entstehen neue Technologien, und mit ihnen kommen neue Herausforderungen und Möglichkeiten. Die digitalen Pioniere von heute sind diejenigen, die diese Herausforderungen annehmen und die Möglichkeiten nutzen, um unsere Welt zu verbessern.

In einer Zeit, in der sich die Technologie schneller entwickelt als je zuvor, brauchen wir mehr denn je digitale Pioniere. Sie sind die Leuchttürme, die uns den Weg in eine ungewisse, aber aufregende Zukunft weisen. Lasst uns ihre Arbeit feiern und sie unterstützen, denn sie sind die wahren Gestalter unserer digitalen Zukunft.

Die digitale Resilienz ist ein immer wichtiger werdendes Konzept in unserer zunehmend vernetzten Welt. Sie bezieht sich auf die Fähigkeit von Individuen, Organisationen und Gesellschaften, auf digitale Herausforderungen zu reagieren, sich von ihnen zu erholen und sich an sie anzupassen.

In der heutigen digitalen Landschaft sind wir ständig mit einer Vielzahl von Herausforderungen konfrontiert, von Cyberangriffen und Datenschutzverletzungen bis hin zu Desinformation und digitaler Ausgrenzung. Digitale Resilienz bedeutet, diese Herausforderungen zu erkennen, sich darauf vorzubereiten und effektive Strategien zur Bewältigung zu entwickeln.

Für Einzelpersonen kann digitale Resilienz bedeuten, die Fähigkeiten zu erlernen, um sicher und verantwortungsbewusst online zu agieren. Dies beinhaltet das Verständnis für sichere Online-Praktiken, wie das Erkennen von Phishing-Versuchen, das Setzen starker Passwörter und das Bewusstsein für die eigenen digitalen Fußabdrücke.

Für Organisationen kann digitale Resilienz bedeuten, robuste Sicherheitssysteme zu implementieren und eine Kultur der digitalen Kompetenz zu fördern. Dies kann durch regelmäßige Schulungen, die Implementierung von Sicherheitsprotokollen und die Förderung einer Kultur der Wachsamkeit erreicht werden.

Für Gesellschaften kann digitale Resilienz bedeuten, Richtlinien und Infrastrukturen zu entwickeln, die den Zugang zu digitalen Ressourcen für alle Bürger gewährleisten. Dies kann durch die Förderung von digitaler Inklusion, die Verbesserung der digitalen Infrastruktur und die Gewährleistung der digitalen Rechte aller Bürger erreicht werden.

Die digitale Resilienz ist eng mit der Digitalisierung verbunden. Während die Digitalisierung neue Möglichkeiten eröffnet, bringt sie auch neue Risiken mit sich. Die digitale Resilienz ist daher ein entscheidender Faktor, um das volle Potenzial der Digitalisierung zu nutzen und gleichzeitig die damit verbundenen Risiken zu minimieren.

Letztendlich ist die digitale Resilienz ein kontinuierlicher Prozess. Es erfordert ständige Wachsamkeit, Lernen und Anpassung. Aber mit dem richtigen Ansatz und den richtigen Ressourcen können wir die Herausforderungen der digitalen Welt meistern und eine sicherere, inklusivere und widerstandsfähigere digitale Zukunft schaffen.

DIGITALE SOUVERÄNITÄT

In der heutigen digitalen Welt ist Souveränität mehr als nur ein politisches Konzept. Es ist ein Recht, das wir alle in Bezug auf unsere digitale Präsenz und Daten besitzen sollten. Digitale Souveränität bezieht sich auf die Fähigkeit und das Recht eines Individuums oder einer Organisation, unabhängige Entscheidungen über ihre digitale Umgebung zu treffen.

Digitale Souveränität bedeutet, dass wir die Kontrolle über unsere persönlichen Daten haben und entscheiden können, wer Zugang zu ihnen hat und wie sie verwendet werden. Es bedeutet auch, dass wir die Freiheit haben, digitale Dienste zu wählen, die unsere Privatsphäre respektieren und unsere Daten sicher und verantwortungsvoll behandeln.

Ein wichtiger Aspekt der digitalen Souveränität ist die Datenhoheit. Dies bedeutet, dass wir die Kontrolle über unsere persönlichen Daten haben und entscheiden können, wer sie sehen und verwenden kann. Es bedeutet auch, dass wir das Recht haben, zu wissen, wie unsere Daten gesammelt, gespeichert und verwendet werden. Ein weiterer Aspekt der digitalen Souveränität ist die technologische Unabhängigkeit. Dies bedeutet, dass wir die Freiheit haben, Technologien zu wählen, die unseren Bedürfnissen und Werten entsprechen. Es bedeutet auch, dass wir das Recht haben, auf offene und interoperable Technologien zu bestehen, die es uns ermöglichen, nahtlos zwischen verschiedenen Plattformen und Diensten zu wechseln.

In einer Zeit, in der Daten oft als die "neue Währung" bezeichnet werden, ist digitale Souveränität von entscheidender Bedeutung. Unsere Daten können uns einen enormen Wert bieten, wenn sie richtig genutzt werden, aber sie können auch missbraucht werden, wenn sie in die falschen Hände geraten.

Es liegt an uns allen, unsere digitale Souveränität zu schützen und zu fördern. Wir können dies tun, indem wir uns über unsere digitalen Rechte informieren, bewusste Entscheidungen über die Nutzung digitaler Dienste treffen und uns für Gesetze und Vorschriften einsetzen, die unsere digitalen Rechte schützen.

Die digitale Souveränität ist nicht nur ein individuelles Anliegen, sondern auch ein gesellschaftliches. Eine Gesellschaft, die digitale Souveränität fördert, ist eine, die die Rechte und Freiheiten ihrer Bürger im digitalen Raum respektiert und schützt.

Die digitale Transformation ist ein Phänomen, das in der heutigen Zeit immer mehr an Bedeutung gewinnt. Sie ist ein Prozess, bei dem Unternehmen digitale Technologien einsetzen, um ihre Geschäftsprozesse zu verändern, ihre Geschäftsmodelle zu verbessern und neue Werte für ihre Kunden zu schaffen.

Die digitale Transformation geht weit über die reine Technologie hinaus. Sie betrifft die Art und Weise, wie wir arbeiten, wie wir miteinander kommunizieren und wie wir Geschäfte machen. Sie erfordert eine Veränderung der Unternehmenskultur, eine Neuausrichtung der Strategie und eine Neugestaltung der Prozesse.

Sie bietet viele Vorteile. Sie kann zu erhöhter Effizienz, verbesserter Kundenzufriedenheit und erhöhter Wettbewerbsfähigkeit führen. Aber sie bringt auch Herausforderungen mit sich. Sie erfordert Investitionen in neue Technologien, die Entwicklung neuer Fähigkeiten und die Bewältigung von Widerständen gegen Veränderungen.

Ein Schlüsselelement der digitalen Transformation ist die Datenanalyse. Daten sind das Herzstück der digitalen Transformation. Sie ermöglichen es Unternehmen, fundierte Entscheidungen zu treffen, ihre Leistung zu verbessern und personalisierte Erfahrungen für ihre Kunden zu schaffen.

Darüber hinaus spielt die digitale Ethik eine immer größere Rolle. Mit der zunehmenden Nutzung von Künstlicher Intelligenz und Big Data entstehen neue ethische Fragen und Herausforderungen. Unternehmen müssen daher ethische Leitlinien für den Einsatz dieser Technologien entwickeln.

Die digitale Transformation hat auch Auswirkungen auf die Kundenbeziehungen. Durch die Nutzung von digitalen Technologien können Unternehmen ihre Kunden besser verstehen und auf ihre Bedürfnisse eingehen. Dies kann zu verbesserten Kundenerlebnissen und einer stärkeren Kundenbindung führen.

Schließlich spielt die digitale Transformation auch eine wichtige Rolle in Bezug auf Nachhaltigkeit. Digitale Technologien können dazu beitragen, Ressourcen effizienter zu nutzen und so zu einer nachhaltigeren Wirtschaft beizutragen.

Die digitale Transformation ist ein kontinuierlicher Prozess. Sie erfordert ständige Anpassung und Lernen. Sie erfordert Mut, Risiken einzugehen und Fehler zu machen. Aber sie bietet auch die Möglichkeit, unsere Welt zu verbessern und eine bessere Zukunft für alle zu schaffen.

DIGITALER ZWILLING

Ein „Digitaler Zwilling" ist ein virtuelles Modell eines physischen Objekts oder Systems, das dessen Verhalten in Echtzeit widerspiegelt. Dieses Konzept hat tiefgreifende Auswirkungen auf Industrie, Technologie und Gesellschaft.

Die Idee des digitalen Zwillings ist eng mit der vierten industriellen Revolution verbunden, auch bekannt als Industrie 4.0. In dieser neuen Ära der Digitalisierung und Vernetzung ermöglicht der digitale Zwilling eine nahtlose Integration von physischen und digitalen Welten.

Ein digitaler Zwilling nutzt Sensordaten, um den Zustand des physischen Objekts oder Systems zu überwachen und zu simulieren. Dies ermöglicht eine präzise Vorhersage und Optimierung der Leistung, was zu verbesserten Betriebsabläufen, geringeren Ausfallzeiten und erhöhter Produktivität führt.

In der Fertigungsindustrie beispielsweise können digitale Zwillinge dazu beitragen, Produktionsprozesse zu optimieren, Wartungsbedarf vorherzusagen und die Produktqualität zu verbessern. In der Logistik können sie zur Optimierung von Lieferketten und zur Verbesserung der Effizienz beitragen.

Aber die Anwendungsmöglichkeiten des digitalen Zwillings gehen weit über die Industrie hinaus. In der Stadtplanung können digitale Zwillinge von Städten dazu beitragen, den Verkehrsfluss zu optimieren, die Energieeffizienz zu verbessern und die Lebensqualität der Bewohner zu erhöhen.

Trotz der vielen Vorteile bringt der digitale Zwilling auch Herausforderungen mit sich. Dazu gehören technische Herausforderungen bei der Datenerfassung und -analyse, Fragen der Datensicherheit und des Datenschutzes sowie die Notwendigkeit, genaue und zuverlässige Modelle zu erstellen.

Es ist wichtig, diese Herausforderungen zu erkennen und anzugehen, um das volle Potenzial des digitalen Zwillings zu nutzen. Dies erfordert eine enge Zusammenarbeit zwischen Fachleuten aus verschiedenen Bereichen, darunter Ingenieure, Datenwissenschaftler und IT-Spezialisten.

Der digitale Zwilling ist ein leuchtendes Beispiel für die Möglichkeiten der Digitalisierung. Er zeigt, wie die Verschmelzung von physischer und digitaler Welt neue Möglichkeiten zur Verbesserung unserer Technologien, Systeme und sogar unserer Gesellschaft eröffnet.

DIGITALES ERBE

„Das Internet vergisst nichts." – dieser Satz soll bereits Jugendliche vor leichtsinnigem Verhalten im Internet warnen. Aber nicht nur unvorteilhafte Bilder und unüberlegte Post überdauern, sondern auch Dinge, die Sie freiwillig mit der Welt geteilt haben.

In Deutschland sind circa 87 Prozent aller Menschen ab dem zehnten Lebensjahr online, aber wie viele davon haben sich schon Gedanken gemacht, was nach ihrem Tod mit Accounts und geteilten Daten passiert? Wir kommunizieren über soziale Netzwerke und E-Mails, schließen Kaufverträge im Netz ab und erledigen online Bankgeschäfte. All diese Daten, die wir im Internet, auf Festplatten oder USB-Sticks hinterlassen, bilden unsere digitale Identität und gehören im Todesfall zur Erbschaft bzw. zum digitalen Nachlass. Rechte und Pflichten gehen wie gewohnt auf den Erben über. Dieser muss das bestellte Paar Schuhe zahlen, den Urlaub stornieren oder die ersteigerte Designer-Handtasche annehmen. Die wenigsten Verträge enden mit dem Tod und auch Nutzerkonten bei Händlern und sozialen Netzwerken bleiben erst einmal bestehen.

Deshalb ist es ratsam, Ihre Daten im Blick zu haben, wenn es um die Regelungen nach Lebensende geht. Dasselbe gilt für Fälle, in denen Sie nicht in der Lage sind, selbst zu handeln, wie etwa bei Krankheit.

Aber anders als in der analogen Welt, in der der Brief einfach geöffnet werden kann, ist es online nicht so einfach – ohne Passwort kein Zugriff. Ohne Zugangsdaten ist es schwierig den digitalen Nachlass zu ordnen und die Pflichten des Verstorbenen zu erfüllen. Am besten sollte man eine Person des

Vertrauens wählen und eine Liste anfertigen mit allen Benutzerkonten und Zugängen, die an einem sicheren Ort verstaut werden und festlegt, was mit den einzelnen Konten passieren soll.

Auch wenn man nicht gerne über diese Thematik nachdenkt, sollte man den digitalen Nachlass früh regeln und das aus gutem Grund. Für die Hinterbliebenen bedeutet die Auseinandersetzung mit dem digitalen Erbe nicht nur eine aufwändige Suche, es ist zugleich auch eine erhebliche emotionale Belastung.

Zugleich beugen Sie Datenmissbrauch und Betrug vor, indem Sie Accounts löschen, die Sie nicht mehr verwenden. Digitaler Datenraub macht auch vor den Daten Verstorbener nicht halt.

Die großen Internetplattformen bieten bereits Lösungen, wie einen Kontoaktivitäten-Manager oder ein Konto im sogenannten Gedenkzustand. Deshalb hier ein kleiner Denkanstoß, wenn Sie Ihr digitales Vermächtnis demnächst verwalten wollen.

DIGITALES FEUERWERK

Digitales Feuerwerk, eine faszinierende Verschmelzung von Technologie und Tradition, hat in den letzten Jahren an Popularität gewonnen. Es bietet eine umweltfreundliche und sichere Alternative zu herkömmlichem Feuerwerk, ohne dabei auf die spektakuläre Ästhetik zu verzichten, die wir alle lieben.

Die Idee des digitalen Feuerwerks ist einfach, aber genial. Anstatt echtes Feuerwerk zu verwenden, das Lärm, Luftverschmutzung und Sicherheitsrisiken verursacht, werden Lichtshows erstellt, die die gleiche visuelle Wirkung haben. Diese Shows können mit Projektoren, Lasern oder sogar Drohnen erstellt werden, die Lichter tragen.

Die Entwicklung des digitalen Feuerwerks ist ein Zeugnis für den menschlichen Erfindungsgeist und unsere Fähigkeit, Technologie zu nutzen, um Probleme zu lösen und unser Leben zu verbessern. Es zeigt, wie wir Traditionen bewahren können, während wir gleichzeitig Fortschritte machen und uns an die Bedürfnisse unserer Zeit anpassen. Ein bemerkenswerter Aspekt des digitalen Feuerwerks ist seine Fähigkeit, personalisierte Erlebnisse zu schaffen. Im Gegensatz zu traditionellem Feuerwerk, das in der Regel vorgefertigte Muster und Effekte verwendet, kann digitales Feuerwerk individuell gestaltet werden, um ein einzigartiges Erlebnis zu bieten. Dies kann von der Anpassung der Farben und Muster bis hin zur Synchronisation der Lichtshow mit Musik oder anderen Medien reichen.

Darüber hinaus bietet digitales Feuerwerk auch neue Möglichkeiten für künstlerischen Ausdruck. Künstler und Designer können die Technologie nutzen, um beeindruckende visuelle Darstellungen zu schaffen, die weit über das hinausgehen, was mit traditionellem Feuerwerk möglich ist. Dies eröffnet neue Wege für Kreativität und Innovation und ermöglicht es uns, Feuerwerk auf eine ganz neue Art und Weise zu erleben.

Ein weiterer wichtiger Aspekt des digitalen Feuerwerks ist seine Nachhaltigkeit. Traditionelles Feuerwerk erzeugt eine erhebliche Menge an Abfall und Luftverschmutzung, während digitales Feuerwerk eine saubere und umweltfreundliche Alternative bietet. Dies ist besonders wichtig in einer Zeit, in der Umweltbewusstsein und Nachhaltigkeit immer wichtiger werden.

Trotz der vielen Vorteile des digitalen Feuerwerks gibt es auch Herausforderungen. Dazu gehören technische Schwierigkeiten, hohe Kosten und die Notwendigkeit, das Publikum davon zu überzeugen, dass es eine akzeptable Alternative zum traditionellen Feuerwerk ist. Trotzdem ist das Potenzial des digitalen Feuerwerks enorm und es ist wahrscheinlich, dass es in den kommenden Jahren immer beliebter wird.

DIGITALES LOBBYREGISTER

In der modernen Demokratie spielt Lobbyismus eine wichtige Rolle. Er ermöglicht es Interessengruppen, ihre Anliegen direkt an die politischen Entscheidungsträger heranzutragen. Doch dieser Einfluss birgt auch Risiken. Um Transparenz zu gewährleisten und möglichen Missbrauch zu verhindern, wird immer häufiger die Einführung eines digitalen Lobbyregisters gefordert.

Ein digitales Lobbyregister ist eine öffentlich zugängliche Datenbank, in der alle Kontakte zwischen Lobbyisten und Politikern dokumentiert werden. Es enthält Informationen über die beteiligten Personen, die vertretenen Interessen und die Themen der Gespräche. So kann die Öffentlichkeit nachvollziehen, wer Einfluss auf politische Entscheidungen nimmt. Ein digitales Lobbyregister bietet viele Vorteile. Es erhöht die Transparenz und ermöglicht es der Öffentlichkeit, die Interaktionen zwischen Lobbyisten und Politikern nachzuvollziehen. Es hilft, potenzielle Interessenkonflikte aufzudecken und kann dazu beitragen, das Vertrauen in die politischen Prozesse zu stärken.

Die Einführung eines digitalen Lobbyregisters ist ein wichtiger Schritt zur Stärkung der Transparenz in der Politik. Es ermöglicht den Bürgern, besser zu verstehen, welche Interessen hinter politischen Entscheidungen stehen. Es fördert das Vertrauen in die politischen Prozesse und stärkt die Demokratie.

Doch ein digitales Lobbyregister allein reicht nicht aus. Es muss von weiteren Maßnahmen begleitet werden, wie zum Beispiel strengen Regeln für die Lobbyarbeit und effektiven Kontrollmechanismen. Nur so kann sichergestellt werden, dass der Lobbyismus in den Diensten des Gemeinwohls steht und nicht nur den Interessen einzelner dient. Die Einführung des digitalen Lobbyregisters bringt jedoch noch weitere Herausforderungen. Es erfordert eine sorgfältige Planung und Umsetzung. Es muss sichergestellt werden, dass die Daten korrekt und aktuell sind. Es muss auch sichergestellt werden, dass die Privatsphäre der beteiligten Personen gewahrt bleibt.

Die Zukunft des digitalen Lobbyregisters sieht vielversprechend aus. Mit der fortschreitenden Digitalisierung und dem wachsenden Bewusstsein für die Notwendigkeit von Transparenz in der Politik ist zu erwarten, dass immer mehr Länder ein digitales Lobbyregister einführen werden.

Die Digitalisierung der Arbeitswelt ist ein unaufhaltsamer Trend, der die Art und Weise, wie wir arbeiten, grundlegend verändert. Durch den Einsatz moderner Technologien können Unternehmen ihre Prozesse optimieren, die Produktivität steigern und neue Geschäftsmöglichkeiten erschließen.

Auf der einen Seite ist die Automatisierung von Routineaufgaben. Durch den Einsatz von Technologien wie Künstlicher Intelligenz und Robotik können Unternehmen repetitive und zeitaufwändige Aufgaben automatisieren, wodurch Mitarbeiter mehr Zeit für kreative und strategische Aufgaben haben.

Auf der anderen Seite ist die Einführung flexibler Arbeitsmodelle. Durch den Einsatz digitaler Tools können Mitarbeiter unabhängig von Ort und Zeit arbeiten, was zu einer besseren Work-Life-Balance führt. Dies kann auch dazu beitragen, die Zufriedenheit und Motivation der Mitarbeiter zu erhöhen.

Darüber hinaus ermöglicht die Digitalisierung eine bessere Kommunikation und Zusammenarbeit. Durch den Einsatz von Tools wie Video-Konferenzen, gemeinsamen Dokumenten und sozialen Netzwerken können Teams effektiver zusammenarbeiten, unabhängig davon, wo sie sich befinden.

Die Digitalisierung der Arbeitswelt bringt jedoch auch Herausforderungen mit sich. Dazu gehören der Datenschutz, die Cyber-Sicherheit und die Notwendigkeit, Mitarbeiter in neuen Technologien zu schulen. Es ist wichtig, dass Unternehmen diese Herausforderungen proaktiv angehen, um das volle Potenzial der Digitalisierung zu nutzen.

Ein weiterer wichtiger Aspekt der Digitalisierung der Arbeitswelt ist die ständige Weiterbildung und Anpassungsfähigkeit. In einer sich ständig verändernden digitalen Landschaft ist es wichtig, dass Mitarbeiter ständig neue Fähigkeiten erlernen und sich an neue Technologien anpassen. Dies erfordert eine Kultur des lebenslangen Lernens und eine Bereitschaft, sich ständig weiterzuentwickeln.

Die Digitalisierung der Arbeitswelt hat auch Auswirkungen auf die Art und Weise, wie Unternehmen geführt werden. Mit Zugang zu Echtzeitdaten und leistungsstarken Analysetools können Führungskräfte fundiertere Entscheidungen treffen und ihre Strategien schnell an veränderte Marktbedingungen anpassen.

Insgesamt ist die Digitalisierung der Arbeitswelt eine aufregende Entwicklung, die große Chancen bietet. Sie ermöglicht es Unternehmen, effizienter zu arbeiten, bessere Produkte und Dienstleistungen anzubieten und einen Wettbewerbsvorteil zu erzielen. Gleichzeitig eröffnet sie Mitarbeitern neue Möglichkeiten zur Zusammenarbeit, Weiterbildung und Flexibilität.

DIGITALISIERUNG DER JUSTIZ

Die Digitalisierung der Justiz ist ein entscheidender Schritt in Richtung einer effizienteren und zugänglicheren Rechtsprechung. Durch den Einsatz moderner Technologien können Gerichtsverfahren beschleunigt, Verwaltungsaufgaben vereinfacht und der Zugang zur Justiz für alle Bürger verbessert werden.

Ein wichtiger Aspekt der Digitalisierung der Justiz ist die Einführung von elektronischen Akten. Durch die Umstellung von Papierakten auf e-Akten können Dokumente schneller bearbeitet, gespeichert und abgerufen werden. Dies spart nicht nur Zeit und Ressourcen, sondern ermöglicht auch eine bessere Zusammenarbeit zwischen den verschiedenen Akteuren im Justizsystem.

Ein weiterer wichtiger Aspekt ist die Nutzung von Online-Plattformen für Gerichtsverfahren. Durch die Durchführung von Anhörungen und Verhandlungen über Video-Konferenzen können Reisezeiten und -kosten reduziert und die Flexibilität erhöht werden. Dies ist in Zeiten von COVID-19 deutlich geworden, wo physische Distanzierung eine Herausforderung darstellt.

Darüber hinaus kann die Digitalisierung dazu beitragen, die Transparenz und Rechenschaftspflicht im Justizsystem zu verbessern. Durch die Bereitstellung von Online-Zugang zu Gerichtsentscheidungen und Rechtsvorschriften können Bürger besser über ihre Rechte und Pflichten informiert werden.

Die Digitalisierung der Justiz geht jedoch über die Verbesserung der Effizienz und Zugänglichkeit hinaus. Sie hat auch das Potenzial, die Art und Weise, wie wir über Recht und Gerechtigkeit nachdenken, zu verändern. Mit fortschrittlichen Analysetools können wir Muster und Trends in Gerichtsentscheidungen erkennen, die uns helfen, das Rechtssystem besser zu verstehen und zu verbessern.

Außerdem wird so die Möglichkeit gegeben, Künstliche Intelligenz und Maschinelles Lernen einzusetzen. Diese Technologien können dazu beitragen, juristische Dokumente zu analysieren, Vorhersagen über Gerichtsentscheidungen zu treffen und sogar bei der Entscheidungsfindung zu helfen.

Insgesamt ist die Digitalisierung der Justiz ein wichtiger Schritt in Richtung einer modernen und effizienten Rechtsprechung.

DIGITALITÄT

Die Digitalität hat unsere Welt in einer Weise verändert, die wir uns vor einigen Jahrzehnten kaum hätten vorstellen können. Sie hat nicht nur unsere Art zu kommunizieren, sondern auch zu lernen, zu arbeiten und zu leben revolutioniert. Sie hat uns in eine Ära der Informationsflut geführt, in der Wissen und Informationen nur einen Klick entfernt sind.

Die Digitalisierung hat uns ermöglicht, mit Menschen auf der ganzen Welt in Kontakt zu treten und hat die Grenzen zwischen Ländern und Kulturen verwischt. Sie hat uns neue Möglichkeiten zur Zusammenarbeit und zum Austausch von Ideen eröffnet, die zu Innovationen in allen Bereichen unseres Lebens geführt haben.

Aber wie bei jeder Revolution gibt es auch Herausforderungen. Die Digitalisierung hat Fragen zur Privatsphäre und Datensicherheit aufgeworfen. Sie hat auch eine Kluft zwischen denen geschaffen, die Zugang zu digitalen Ressourcen haben und denen, die dies nicht tun. Diese digitale Kluft kann zu sozialer Ungleichheit führen und muss angegangen werden.

Die Digitalisierung hat auch die Art und Weise verändert, wie wir Geschäfte machen. Sie hat neue Geschäftsmodelle ermöglicht und bestehende Modelle disruptiert. Sie hat uns neue Werkzeuge gegeben, um effizienter und effektiver zu arbeiten, und hat die Art und Weise, wie wir mit unseren Kunden interagieren, revolutioniert.

Aber diese Veränderung hat auch neue Risiken und Herausforderungen mit sich gebracht. Sie hat Fragen zur Cybersicherheit aufgeworfen und die Notwendigkeit betont, robuste Sicherheitsmaßnahmen zu implementieren, um unsere Daten und Systeme zu schützen. Sie hat auch die Notwendigkeit einer stärkeren Regulierung und Aufsicht in der digitalen Welt hervorgehoben.

Trotz dieser Herausforderungen bietet die Digitalisierung enorme Chancen. Sie bietet die Möglichkeit, unsere Welt auf eine Weise zu verändern, die wir uns vor einigen Jahrzehnten kaum hätten vorstellen können. Sie bietet die Möglichkeit, unsere Gesellschaft zu verbessern und ein besseres Leben für alle zu schaffen.

Aber um diese Möglichkeiten zu nutzen, müssen wir die Herausforderungen der Digitalisierung anerkennen und angehen. Wir müssen sicherstellen, dass wir die notwendigen Maßnahmen ergreifen, um die Risiken zu minimieren und die Vorteile zu maximieren. Und wir müssen sicherstellen, dass wir die Digitalisierung auf eine Weise nutzen, die ethisch und verantwortungsbewusst ist.

DISRUPTION

Wir leben in einer Zeit permanenter Veränderungen im Leben, in der Gesellschaft oder in der Wirtschaft. Manchmal sind es kleine, persönliche Änderungen wie beim Autor beispielsweise: Nach drei spannenden Jahren in der Digitalagentur Thüringen, beginnen jetzt hoffentlich genauso spannende Zeiten bei der Traeno GmbH.

Oftmals sind es aber sehr große Veränderungen, die entweder schnell hereinbrechen oder vergleichsweise langsam vorangehen. In der Wirtschaft sind es meist langwierige, von den Menschen oft nicht bewusst wahrgenommene Veränderungsprozesse, die ganze Produkte, Dienstleistungen oder sogar Märkte verschwinden und gleichzeitig Neues entstehen lassen. Dann sprechen wir von Disruption, natürlich wieder ein englischer Ausdruck, der mit Umbruch oder Umwälzung übersetzt werden kann. Nun ist nicht jede Veränderung auch ein radikaler Umbruch. So würde ich zum Beispiel die Einführung des ersten Smartphones nicht als Disruption bezeichnen, telefonieren und SMS schreiben waren weiterhin genauso möglich, wie zuvor. Allerdings waren plötzlich Dienste auf dem Telefon möglich, wie man sie sich vorher nicht vorstellen konnte. Wer kauft heute noch die berühmten Stadtplanfaltkarten? Hersteller, die nicht innerhalb kürzester Zeit Ihre Karten als App produzierten oder in die Betriebssysteme integrierten, verschwanden sehr schnell vom Markt. Schauen Sie doch einmal auf Ihr Handy und zählen die verschiedenen Apps aus den Bereichen Sport, Gesundheit, Reisen, Finanzen oder auch Lernen:

Alle sind mit tiefgreifenden Umwälzungen für die früheren Hersteller einhergegangen und durch die sogenannte innovative Disruption entstanden. Gerade mal 20 Jahre dauerte die Ablösung des Pferdes als Transportmittel, als Henry Ford 1908 das Auto durch Serienproduktion für viele Menschen erschwinglich machte.

Die vielen Kutscher mussten sich neue Jobs suchen. Apropos Auto: Erinnern Sie sich noch, als vor wenigen Jahren der allseits bekannte US-amerikanische E-Auto Hersteller von den etablierten Autoproduzenten belächelt wurde? Nicht wenige prophezeiten ein schnelles Ende dieser Idee. Nun stehen einige von ihnen selbst mit dem Rücken zur Wand und, so meine Vermutung, werden unter Umständen diese Veränderung nicht überstehen.

Es ist heute schon Realität, dass nicht etablierte Automobilehersteller zukünftige Entwicklungen bestimmen, sondern innovative Technologiekonzerne. Man kann das gut oder weniger gut finden, aus ihrem Selbstverständnis heraus bauen diese Technologiekonzerne keine Autos, sondern schaffen ein neues Mobilitätserlebnis. Ich jedenfalls freue mich schon auf diese Veränderungen, denn innovative Disruption entsteht nur durch Kundenfokussierung.

DOMAIN NAME SYSTEM

Das Domain Name System, kurz DNS, welches still und leise im Hintergrund arbeitet, um unser digitales Leben zu verbessern, ist der unerwartete Held des Internets.

DNS ist im Grunde das Äquivalent eines Telefonbuchs im Internet und wandelt lesbare Domänennamen in verständliche IP-Adressen um. Es wäre auch nicht sehr benutzerfreundlich, wenn man sich für jede Website, die man besuchen möchte, eine riesige Liste von Nummern merken müsste. Es bietet eine hierarchische Namensstruktur, die es uns erleichtert, Websites zu besuchen.

Zur Bearbeitung und Beantwortung von Domänennamenanfragen arbeitet das DNS als verteiltes Netz von Servern. Der eigene Browser stellt eine Anfrage an den DNS-Server des Internetanbieters, wenn die Adresse einer Website eingegeben wird. Der Server kontaktiert dann in einem rekursiven Prozess andere Server, bis er den autoritativen Server für die betreffende Domäne ausfindig macht, sofern er die Adresse nicht bereits im Cache, also in einem temporären Zwischenspeicher, hat.

Die eigene Online-Erfahrung hängt dann von der Effektivität und Schnelligkeit von DNS ab. Eine gut konfigurierte DNS-Infrastruktur garantiert eine prompte und zuverlässige Auflösung des Domänennamens, verringert die Latenzzeit und ermöglicht einen schnelleren Zugriff auf die Website. Ohne ein zuverlässiges System würden sich die Nutzer über langsame Verbindungen und unzugängliche Websites ärgern.

Dennoch können auch Schwierigkeiten auftreten. Die DNS-Funktionalität kann durch Cyberangriffe, wie DDoS-Angriffe (Distributed Denial of Service) beeinträchtigt werden, die zu

Dienstunterbrechungen führen können. Um die Infrastruktur vor diesen Aktionen zu schützen, sind in der DNS-Infrastruktur Sicherheitsvorkehrungen und ständige Aufmerksamkeit unerlässlich.

Außerdem muss das DNS ständig innovativ sein und sich an die sich verändernde Internetumgebung anpassen. Mit der Einführung neuer generischer Top-Level-Domains, wie .app, .photo oder .blog ist das DNS gezwungen, einen ständig wachsenden Namensraum zu verwalten. Für DNS-Administratoren ist es ein ständiges Anliegen, eine faire Zuteilung zu gewährleisten, Missbrauch zu unterbinden und die Stabilität zu erhalten.

Dank der fehlerfreien Umwandlung des Systems von Domänennamen in IP-Adressen können wir problemlos im riesigen digitalen Raum surfen. Die Bedeutung einer starken und sicheren DNS-Infrastruktur kann angesichts der anhaltenden Bedeutung des Internets für unser tägliches Leben nicht hoch genug eingeschätzt werden.

Die Verbindung von Gesundheitswesen und Technologie hat mit der Einführung von E-Health neue Horizonte eröffnet. Dieser digitale Wandel hat die Art und Weise, wie wir medizinische Betreuung verstehen, grundlegend verändert.

E-Health hat den Zugang zur Gesundheitsversorgung erheblich erleichtert. Virtuelle Arztbesuche über Telemedizin-Anwendungen ermöglichen es den Patienten, medizinischen Rat und Behandlung von praktisch überall her zu erhalten. Dies ist besonders für Personen in abgelegenen Gebieten oder mit begrenzter Mobilität von unschätzbarem Wert.

Die Digitalisierung von Patientenakten, durch die elektronische Patientenakte, hat die Effizienz der Gesundheitsdienste erhöht. Der Zugriff auf medizinische Informationen ist einfacher und schneller geworden. Von der elektronischen Übermittlung von Rezepten bis hin zur Verfolgung von medizinischen Tests - E-Health hat die Patientenversorgung optimiert.

Durch die Verknüpfung von medizinischen Aufzeichnungen in elektronischen Systemen wird die Kommunikation zwischen medizinischen Fachkräften erleichtert. Dies ermöglicht eine nahtlose Koordination der Pflege und reduziert mögliche Fehler bei der Behandlung.

Tragbare Technologien, wie Fitness-Tracker, ermöglichen es den Menschen, ihre Gesundheit zu überwachen und präventive Maßnahmen zu ergreifen. Diese Geräte liefern kontinuierlich Daten zu Herzfrequenz, Schlafmustern und Aktivitätsniveau, was Ärzten und Patienten hilft, gesundheitliche Probleme frühzeitig zu erkennen. Auch für Menschen mit chronischen Erkrankungen oder nach medizinischen Eingriffen kann die kontinuierliche Überwachung von Gesundheitsparametern von entscheidender Bedeutung sein. Telemonitoring-Geräte ermöglichen es Ärzten, ihre Patienten aus der Ferne zu überwachen und bei Bedarf rechtzeitig zu intervenieren.

E-Health sollte aber für alle zugänglich sein. Die digitale Kluft darf nicht zu einer ungleichen Gesundheitsversorgung führen. Es ist wichtig, sicherzustellen, dass alle Bevölkerungsgruppen, unabhängig von ihrem technologischen Know-how oder ihrem Zugang zu Internet, von den Vorteilen der E-Health profitieren können.

In der heutigen Welt hat E-Health zweifellos das Potenzial, die Gesundheitsversorgung zu verbessern und das Wohlbefinden der Menschen zu steigern. Die fortlaufende Forschung und Entwicklung in diesem Bereich werden dazu beitragen, diese Technologien weiter zu verfeinern und sicherzustellen, dass sie eine integrative und gleichberechtigte Gesundheitsversorgung für alle ermöglichen.

E-MAIL-VERSCHLÜSSELUNG

In der heutigen digitalen Welt ist die Sicherheit unserer Kommunikation von größter Bedeutung. Eine der häufigsten Formen der Kommunikation, die E-Mail, ist jedoch oft anfällig für Sicherheitsverletzungen. Hier kommt die E-Mail-Verschlüsselung ins Spiel.

E-Mail-Verschlüsselung ist ein Verfahren zum Schutz von E-Mail-Nachrichten vor neugierigen Blicken. Es verwandelt lesbare Klartexte in verschlüsselten Text, der nur mit einem Schlüssel entschlüsselt werden kann. Es gibt zwei Haupttypen von E-Mail-Verschlüsselung: Ende-zu-Ende-Verschlüsselung und Transport Layer Security (TLS).

Ende-zu-Ende-Verschlüsselung bedeutet, dass die Nachrichten auf dem Gerät des Absenders verschlüsselt und erst auf dem Gerät des Empfängers entschlüsselt werden. Selbst wenn die Nachricht auf dem Weg abgefangen wird, kann sie ohne den richtigen Schlüssel nicht gelesen werden. Dienste wie ProtonMail und Tutanota bieten diese Art von Verschlüsselung an.

TLS hingegen ist eine Methode, bei der E-Mails verschlüsselt übertragen werden, so dass sie während der Übertragung nicht abgefangen und gelesen werden können. Die meisten großen E-Mail-Dienste, wie Gmail und Outlook, verwenden TLS, aber beide Enden der Übertragung müssen es unterstützen, damit es funktioniert.

Es ist wichtig zu beachten, dass keine Verschlüsselungsmethode absolut sicher ist. Sie erhöhen jedoch die Sicherheit Ihrer E-Mails erheblich und machen es für Hacker schwieriger, auf Ihre Informationen zuzugreifen.

Ein weiterer wichtiger Aspekt der E-Mail-Verschlüsselung ist die Verwendung von digitalen Signaturen. Eine digitale

Signatur ist ein mathematischer Algorithmus, der verwendet wird, um die Authentizität und Integrität einer Nachricht zu überprüfen. Sie stellt sicher, dass die Nachricht, die Sie erhalten haben, tatsächlich von der Person stammt, von der sie zu stammen scheint, und dass sie nicht auf dem Weg zu Ihnen verändert wurde.

Es gibt auch verschiedene Standards und Protokolle für die E-Mail-Verschlüsselung, wie zum Beispiel PGP (Pretty Good Privacy), S/MIME (Secure/Multipurpose Internet Mail Extensions) und TLS.

PGP ist ein beliebtes Verschlüsselungsprogramm, das sowohl zur Verschlüsselung als auch zur digitalen Signatur von E-Mails verwendet wird. Es verwendet einen Mix aus symmetrischer und asymmetrischer Verschlüsselung, um eine sichere Kommunikation zu gewährleisten.

S/MIME hingegen ist ein Standard, der in vielen E-Mail-Clients eingebaut ist und sowohl Verschlüsselung als auch digitale Signaturen unterstützt. Es verwendet Zertifikate, die von einer vertrauenswürdigen Zertifizierungsstelle ausgestellt wurden, um die Identität des Absenders zu überprüfen.

Insgesamt ist die E-Mail-Verschlüsselung ein unverzichtbares Werkzeug in unserer immer stärker vernetzten Welt. Sie schützt unsere persönlichen Informationen und unsere Kommunikation vor unerwünschten Eingriffen und gibt uns die Gewissheit, dass unsere Worte nur von den Augen gesehen werden, für die sie bestimmt sind.

EDGE COMPUTING

Vielleicht haben Sie schon einmal von Edge Computing gehört, es revolutioniert die Art und Weise, wie Daten verarbeitet, aggregiert und auf Millionen von Geräten weltweit übertragen werden.

War das Ziel zunächst, die Distanzen für die Datenübertragung zu reduzieren, geht es mittlerweile um die sogenannte Verarbeitung vor Ort. Besonders das rasante Wachstum des Internet of Things und die Entstehung neuer Applikationen tragen dazu bei, dass Edge-Computing-Systeme vielfach gefragt sind.

Edge-Computing ist Teil einer verteilten Computer-Topologie, bei der IT-Ressourcen möglichst dicht an den datengenerierenden Endgeräten, d.h. im Netzwerk, bereitgestellt werden. Einfacher ausgedrückt, setzt Edge Computing auf eine dezentrale Verarbeitung von Daten. Anstatt auf ein fernes Rechenzentrum zurückzugreifen, werden die Daten in den Geräten verarbeitet, in denen sie anfallen. Es ist also eine gute Alternative zu den klassischen Cloud-Lösungen mit zentralen Servern.

Die Anspielung, dass die Datenverarbeitung bei dieser Methode nicht zentral in der Cloud, sondern dezentral am Rand des Netzwerks erfolgt, ist auch durch die Benennung gegeben. Der Begriff „edge“ leitet sich hierbei vom englischen Wort für Rand oder Kante ab.

Damit stellt Edge Computing das bereit, was die Cloud bislang nicht bieten kann: Server, welche Massendaten aus Versorgungsnetzen oder Verkehrssystemen ohne Zeitverzögerung sofort auswerten und bei Vorfällen unverzüglich handeln können.

Die Bedeutung der Technologie steigt dabei mit der Menge an Werten, die durch das Internet of Things erzeugt wird, wobei die Echtzeit-Relevanz neuer Daten noch schneller wächst als die Datenmenge selbst. Die Verknüpfung aus beidem zwingt das konventionelle Computing Modell in die Knie. Heute wird Edge Computing bereits in vielen Branchen eingesetzt. Die Gründe für den Einsatz und die Organisationen, in denen es genutzt wird, sind sehr vielfältig.

Ein gängiges Beispiel für Edge Computing sind vernetzte Fahrzeuge, wie Busse und Züge. Sie führen Computer mit sich, um Fahrgastaufkommen oder die Servicebereitstellung zu verfolgen. Auch autonomes Fahren ist ohne Edge-Computing nicht möglich, da eine große Menge an Daten, insbesondere von den installierten Sensoren, in Echtzeit und direkt an Bord verarbeitet werden muss.

Autonome Haushaltsgeräte wie Saug- oder Mähroboter haben ebenfalls Edge-Computing im Einsatz. Ihr Einsatz muss auch bei keiner oder schlechter Internetverbindung möglich sein.

ELEKTRONISCHE PATIENTENAKTE

Die elektronische Patientenakte, kurz auch ePA genannt, ist ein zentraler Bestandteil der Digitalisierung im Gesundheitswesen. Sie ist eine digitale Version der traditionellen Patientenakte, die alle relevanten Gesundheitsinformationen eines Patienten enthält und die ab 2025 allen gesetzlich Versicherten zugänglich sein soll. Die Nutzung der ePA wird dann freiwillig sein. Wer sie nicht nutzen möchte, kann widersprechen.

Die ePA bietet aber viele Vorteile gegenüber der traditionellen Papierakte. Sie verbessert die Effizienz, Genauigkeit und Zugänglichkeit der Patienteninformationen. Mit ihr können Gesundheitsdienstleister auf die Gesundheitsinformationen eines Patienten zugreifen, unabhängig davon, wo sie sich befinden. Dies ist besonders nützlich in Notfällen, wenn schneller Zugriff auf genaue Patienteninformationen lebensrettend sein kann.

Sie vernetzt Versicherte mit Ärztinnen und Ärzten, Apotheken und Krankenhäusern. Viele bisher analog oder in Papierform ablaufende Arbeitsschritte können durch die ePA digitalisiert und vereinfacht werden. Statt einer Lose-Blatt-Sammlung zuhause oder einzelnen Befunden in den Praxissystemen verschiedener Praxen haben Ärztinnen und Ärzte sowie Patientinnen und Patienten alle relevanten Dokumente auf einen Blick sicher verfügbar.

Die Digitalisierung hat die Entwicklung der ePA erheblich beeinflusst. Mit fortschrittlichen Technologien wie Cloud-Computing, Künstlicher Intelligenz und Big Data können Gesundheitsinformationen effizienter gesammelt, analysiert und geteilt werden. Diese Technologien ermöglichen es auch, große Mengen an Gesundheitsdaten zu verarbeiten und Muster zu erkennen, die für die Diagnose und Behandlung von Krankheiten nützlich sein können.

Es ist aber auch wichtig, dass geeignete Maßnahmen ergriffen werden, um die Vertraulichkeit der Patienteninformationen zu gewährleisten und unerlaubten Zugriff zu verhindern.

Insgesamt hat die Digitalisierung die Entwicklung der ePA erheblich beeinflusst und sie zu einem unverzichtbaren Werkzeug im modernen Gesundheitswesen gemacht. Es bleibt abzuwarten, wie sich die ePA weiterentwickeln wird, um den sich ständig ändernden Anforderungen des Gesundheitswesens gerecht zu werden. Eines ist jedoch sicher: Die elektronische Patientenakte wird eine zentrale Rolle bei der Verbesserung der Gesundheitsversorgung spielen.

ELEKTRONISCHE SIGNATUR

Egal ob es um die Kommunikation, den Einkauf oder das Bankwesen geht, die Welt hat sich digitalisiert und beschleunigt. Und in diesem Zusammenhang sind elektronische Signaturen zu einem Game Changer geworden.

Die Tage des Papiers und der handschriftlichen Unterschrift scheinen gezählt zu sein, zumindest wenn es um Geschäftsprozesse, Vertragsabschlüsse und Transaktionen geht.

Aber was genau sind elektronische Signaturen? Im Wesentlichen handelt es sich um eine digitale Version der handgeschriebenen Unterschrift. Statt Papier und Stift verwendet sie jedoch Verschlüsselungstechnologien, um die Identität und die Zustimmung einer Person zu überprüfen.

Der Hauptvorteil von elektronischen Signaturen liegt auf der Hand: sie sind schnell, bequem und umweltfreundlich. Wenn ein Dokument elektronisch unterzeichnet wird, kann dies von überall aus stattfinden, solange eine stabile Internetverbindung vorhanden ist. Eine Geschäftsverhandlung kann so nicht mehr aufgrund geografischer Entfernungen verzögert werden.

Ein weiterer Pluspunkt ist die Sicherheit. Elektronische Signaturen verwenden Verschlüsselung und Technologien zur Identitätsüberprüfung, um sicherzustellen, dass die Person, die unterzeichnet, tatsächlich diejenige ist, für die sie sich ausgibt.

Auch die Umwelt profitiert von dieser Technologie. Der Verzicht auf Papier und Tinte spart nicht nur Bäume, sondern reduziert auch den CO2-Ausstoß, der mit der Herstellung und dem Transport von Papierdokumenten verbunden ist.

Aber sind elektronische Signaturen rechtlich bindend? Die Antwort ist ja. In vielen Ländern, darunter auch in den meisten Staaten der USA und der Europäischen Union, sind elektronische Unterschriften genauso gültig wie die handschriftlichen, vorausgesetzt, sie erfüllen bestimmte rechtliche Anforderungen. Dazu gehören die eindeutige Identifizierung des Unterzeichners und die Gewährleistung der Integrität des unterzeichneten Dokuments. Die qualifizierte elektronische Unterschrift gilt als die sicherste. Sie wird anhand einer elektronischen Signaturerstellungseinheit erzeugt, beruht auf einem qualifizierten Zertifikat für elektronische Signaturen und hat noch einige weitere Merkmale, wodurch der Prozess der Erstellung genau dokumentiert werden kann. So sind die elektronischen Signaturen oft sicherer als die herkömmlichen.

Vielleicht werden wir eines Tages auf die Idee einer handschriftlichen Unterschrift genauso nostalgisch zurückblicken wie auf Schreibmaschinen und Faxgeräte.

ELEKTRONISCHES BÜRGERPOSTFACH

Das elektronische Bürgerpostfach ist ein bedeutender Schritt in Richtung Digitalisierung der öffentlichen Verwaltung. Es ermöglicht den Bürgern, auf einfache und sichere Weise mit Behörden zu kommunizieren.

Der Sinn des elektronischen Bürgerpostfachs liegt in seiner Effizienz und Bequemlichkeit. Es ermöglicht den Austausch von Dokumenten und Informationen in Echtzeit, was die Bearbeitungszeiten erheblich verkürzt. Darüber hinaus bietet es eine sichere Umgebung für den Austausch sensibler Daten, da alle Kommunikation verschlüsselt ist.

Die Entwicklung des elektronischen Bürgerpostfachs hat in den letzten Jahren erhebliche Fortschritte gemacht. Ursprünglich war es nur ein einfacher E-Mail-Dienst, der den Bürgern ermöglichte, Anfragen an ihre lokalen Behörden zu senden. Heute hat es sich zu einer umfassenden Plattform entwickelt, die eine Vielzahl von Dienstleistungen bietet, darunter die Möglichkeit, Anträge online einzureichen, Termine zu buchen und sogar Steuererklärungen abzugeben. Dadurch ermöglicht es sich, Prozesse zu automatisieren und zu optimieren, was zu einer effizienteren und effektiveren öffentlichen Verwaltung führt. Darüber hinaus wird eine bessere Datenerfassung und -analyse ermöglicht, was zu fundierteren Entscheidungen und einer verbesserten Politikgestaltung führt.

Trotz dieser Fortschritte gibt es noch Herausforderungen. Dazu gehören technische Probleme, Datenschutzbedenken und die Notwendigkeit, die Benutzerfreundlichkeit zu verbessern. Trotzdem ist das elektronische Bürgerpostfach ein wichtiger Schritt in Richtung einer effizienteren und zugänglicheren öffentlichen Verwaltung. Es ist ein Beispiel dafür, wie

Technologie genutzt werden kann, um das Leben der Bürger zu verbessern und gleichzeitig die Effizienz der Regierung zu steigern.

Insgesamt ist das elektronische Bürgerpostfach ein spannendes und vielversprechendes Projekt. Es hat das Potenzial, die Art und Weise, wie Bürger mit ihrer Regierung interagieren, grundlegend zu verändern und einen neuen Standard für öffentliche Dienstleistungen zu setzen. Es bleibt abzuwarten, wie sich diese Technologie in den kommenden Jahren weiterentwickeln wird, aber die Aussichten sind zweifellos positiv.

ETHEREUM 2.0

Am 15. September war es so weit – das wohl wichtigste Update für die zweitgrößte Kryptowährung Ethereum wurde erfolgreich gestartet. Aber was bedeutet dies und welche Bedeutung hat Ethereum 2.0 für die Zukunft digitaler Währungen?

Ethereum versteht sich überwiegend als Umgebung für intelligente Verträge, sogenannte „smart contracts“ und gilt als eine Blockchain der zweiten Generation.

Die Verbesserung gilt als eines der ambitioniertesten Projekte in der Geschichte von Bitcoin, Ether und Co, und birgt viele Veränderungen. Die Vision dahinter ist, skalierbarer, sicherer und nachhaltiger zu werden. Vergleichsweise hatte Ethereum bis dato eine sehr geringe Skalierbarkeit, also eine geringe Anzahl an Transaktionen, die sich sekündlich abwickeln lassen.

Durch das Update können nun mehrere tausend Transaktionen pro Sekunde durchgeführt werden.

Ethereum und Bitcoin, die beiden größten ihrer Art am Markt, hatten allerdings eine Sache gemein – den sogenannten Proof-of-Work-Ansatz, einen Konsensmechanismus, der dafür sorgt, dass auf einer dezentralen Blockchain alle Datenänderungen gleich sind.

Aber dieser Ansatz verbraucht viel Rechenleistung und damit viel Energie. Durch das Update erfolgte auch der Wechsel auf den energieeffizienten Proof-of-Stake Algorithmus, bei dem der Konsens ohne das energieintensive Mining, dem digitalen Goldschürfen, möglich ist.

Der Wechsel zum neuen Algorithmus führt bei der Herstellung von Ethereum zu einer Energieeinsparung von 99,95%, weil die Miner nun zufällig ausgesucht werden. Bislang entsprach der jährliche Stromverbrauch für den Betrieb der Blockchain laut Daten des Analysehauses Digiconomist, mit knapp 84 Terawattstunden, etwa dem von Finnland.

Noch nie wurde eine Blockchain im laufenden Betrieb umgestellt, insofern markiert das Update auf Ethereum 2.0 einen Meilenstein und lässt wahrscheinlich weitere Blockchain in nächster Zeit folgen. Was die Umstellung für den Kurs der digitalen Währung bedeutet, kann man im Moment noch nicht sagen, da große Kursschwankungen auch bisher üblich waren.

Bisher hat es eine sogenannte Seitwärtsbewegung gegeben, Investoren hoffen allerdings, insbesondere durch die Verknappung des Angebotes nach der Umstellung, auf eine kräftige Steigerung des Kurses. Welches Szenario eintritt, bleibt abzuwarten, der Anfang ist zumindest erst einmal gemacht.

Ethereum 2.0 ist klimafreundlicher und sicherer als ihre Vorgängerversion und könnte deshalb Bitcoin als führende Blockchain schon bald ablösen.

ETL

Die effiziente Verarbeitung und Analyse von internen und externen Informationen sind entscheidend für den Erfolg von Unternehmen. Um diese Daten effektiv nutzen zu können, müssen sie zuerst aus verschiedenen Quellen extrahiert, transformiert und in einem zielführenden System geladen werden. Hier kommt das ETL-Verfahren ins Spiel - ein elementarer Prozess für Datenintegrationen.

ETL steht für „Extract, Transform, Load" – im Deutschen bedeutet es Extrahieren, Transformieren und Laden. Es ist ein dreistufiger Prozess, der Daten aus unterschiedlichen Quellen zusammenführt und sie für die weitere Verwendung vorbereitet. Die erste Stufe, das „Extract", involviert das Sammeln und Extrahieren von Daten aus Datenbanken, APIs oder anderen Systemen. Dabei sollen die benötigten Daten bereitgestellt werden, ohne unnötige Informationen mitzunehmen.

Sobald die Daten extrahiert sind, folgt die „Transform"-Phase. Hier werden die Daten aufbereitet, um sie für die Analyse oder das Zielsystem vorzubereiten. Dies umfasst eine Reihe von Operationen, einschließlich der Bereinigung von Daten, Umformung von Strukturen, Aggregationen und Berechnungen. Die Qualität der Daten spielt hier eine zentrale Rolle, da fehlerhafte Informationen die Ergebnisse und Analysen beeinträchtigen könnten.

Nach der Transformation folgt die letzte Stufe - das „Load". In diesem Schritt werden die transformierten Daten in das Zielsystem geladen, in der Regel ist dies eine Datenbank oder ein Data Warehouse. Das Zielsystem dient als zentrale Datenquelle, die von anderen Anwendungen, Business Intelligence-Tools oder Berichtsgeneratoren genutzt wird.

Warum ist das ETL-Verfahren so wichtig? Nun, in einer Zeit, in der Unternehmen Zugang zu einem riesigen Datenschatz haben, ist die richtige Datenintegration ein Schlüssel zur Entscheidungsfindung. ETL ermöglicht die Konsolidierung und Strukturierung von Daten, was eine fundierte Analyse und bessere Geschäftsentscheidungen ermöglicht.

Anwendungsbeispiele finden sich überall. In der Luftfahrt können so unter anderem Daten wie Strecke, Flugzeugtyp, Zuladung und Verbrauch verknüpft werden, um unrentable Routen zu identifizieren.

Der ETL-Prozess hat sich im Laufe der Zeit weiterentwickelt und ist um den Begriff „ELT" erweitert worden. Hier wird das Laden der Daten vor der Transformation durchgeführt. Das hat den Vorteil, dass moderne Data Warehouses und Cloud-basierte Speicherlösungen genutzt werden können, die eine effizientere Verarbeitung und Analyse ermöglichen.

FINTECH

Die Finanzbranche erlebt eine Revolution und ihr treibender Motor ist FinTech - die Fusion von Finanzen und Technologie.

Die Bezeichnung FinTech steht für „Financial Technology", auf deutsch Finanztechnologie. FinTech-Banken oder -Unternehmen bieten Finanzdienstleistungen über spezielle Software an. Obwohl es diese Art von Finanzdienstleistern schon seit fast 20 Jahren gibt, existiert immer noch keine rechtliche Definition für den Begriff FinTech.

FinTech ist weit mehr als nur eine Sammlung von Apps und Online-Plattformen. Es ist eine Kraft, die die traditionelle Finanzbranche aufmischt. Von mobilen Zahlungsdiensten über Kryptowährungen bis hin zu Robo-Advisors wurden eine Vielzahl von Instrumenten geschaffen, um Finanzdienstleistungen zugänglicher und effizienter zu gestalten.

Durch mobile Zahlungsdienste wie Apple oder Google Pay wird das Portemonnaie teilweise überflüssig. Die Bequemlichkeit, mit dem Smartphone zu zahlen, hat nicht nur den Alltag der Verbraucher verändert, sondern auch den Einzelhandel veranlasst, sich an die neue Realität anzupassen.

Auch die Einführung von Kryptowährungen hat die Art und Weise, wie wir über Geld und Transaktionen denken, verändert. Blockchain verspricht Sicherheit und Transparenz. Dies könnte in Zukunft nicht nur das Bankwesen, sondern auch Bereiche wie Vertragswesen, Logistik und viele mehr revolutionieren.

Traditionelle Anlageberater bekommen außerdem Konkurrenz von intelligenten Algorithmen. Robo-Advisors analysieren Finanzdaten, allokieren Vermögenswerte und erstellen individuelle Anlageportfolios, oft zu einem Bruchteil der Kosten traditioneller Beratungen.

Trotz aller Vorteile birgt FinTech auch Herausforderungen. Die Regulierung dieser Technologien ist komplex und hinkt oft der Innovationsgeschwindigkeit hinterher. Und auch Datenschutz und Cybersicherheit sind kritische Punkte, die bei der Verbreitung von FinTech-Diensten berücksichtigt werden müssen, um das Vertrauen der Verbraucher zu wahren.

Die Reise ist aber noch lange nicht zu Ende. Die Zukunft könnte eine nahtlose Integration von Finanzdienstleistungen in den Alltag sein, bei der Nutzer nicht nur Finanztransaktionen durchführen, sondern auch ihre Finanzen verwalten, analysieren und optimieren.

Die Auswirkungen von FinTech sind also nicht nur wirtschaftlich, sondern gestalten auch die Art und Weise, wie wir unser Geld verstehen und nutzen neu. Diese Revolution wird weiterhin die Finanzbranche verändern und uns in eine Ära der finanziellen Innovation führen.

FIREWALL

Fast jede Person kennt den Begriff Firewall, doch wenn Nachfragen kommen: „Wie funktioniert eine Firewall?“ oder „Was ist überhaupt eine Firewall?“, hat wahrscheinlich kaum einer eine befriedigende Antwort parat. Eine Firewall, oder auf deutsch „Brandmauer“, schützt vor Schäden von außen.

Bezogen auf den Computer schützt eine Firewall vor Gefahren, die sich im Internet oder in anderen internen Netzwerken verstecken. Beispielsweise schützt eine Firewall vor einer schädlichen Software, einer sogenannten Malware, damit keine Viren eingeschleust werden, welche den Rechner befallen, sensible Daten sammeln oder bestimmte Systemfunktionen zerstören.

Eine Firewall ist also eine Prüfstelle, die zwischen eigenem PC und Internet oder einem anderen Netzwerk geschaltet ist.

Sie ist gleichzusetzen mit einem „digitalen Türsteher“ und regelt, dass die Datenpakete nur an den Stellen ein- und ausgeliefert werden, an denen es ihnen tatsächlich erlaubt ist. Die Ein- und Ausgänge der Pakete, sogenannte Ports, werden dabei dauerhaft von der Firewall beobachtet, um diese zu öffnen, zu sperren und zu überwachen. Folglich ist eine Firewall in einem ausgeklügelten Sicherheitskonzept heute nicht mehr wegzudenken.

Zu Beginn wurde dieser Schutz ausschließlich für Netzwerke mit höchster Sicherheitsanforderung verwendet, wie denen von Banken oder Regierungseinrichtungen.

Diese werden auch heute noch von leistungsfähigen Hardware-Firewalls geschützt. Für uns Privatnutzer wäre dieser hohe Sicherheitsstandard allerdings nicht nötig und noch dazu nicht bezahlbar. Mit der Ausbreitung des Internets, Ende der 1970er Jahre, wurden fortan auch immer mehr Privatrechner von Schadsoftware befallen. Aus diesem Grund wurden Lösungen entwickelt, die inzwischen fester Bestandteil der meisten Betriebssysteme sind.

Eine Firewall erkennt aber nicht allein, ob ein Zugriff harmlos oder feindlich ist. Sie überwacht die Zugriffe und stuft diese auf Basis vorher definierter Regeln ein. Das ist also die Grenze: Damit eine Firewall eigenständig eine Malware abwehren kann, muss sie die Zugriffe von anderen Rechnern oder Programmen selbst richtig einschätzen können.

Muss man heute oftmals noch eine Firewall manuell konfigurieren, könnten das eigentlich auch schon selbstlernende Algorithmen erledigen. Meine Hoffnung ist, dass in den nächsten Jahren, insbesondere mit der Entwicklung des Quantencomputing, Firewalls automatisiert wie das menschliche Immunsystem funktionieren.

FLUENT INTERFACE

Die Suche nach der Lesbarkeit von Codes ist ein ständiges Bestreben im Bereich der Softwareentwicklung, wo anspruchsvolle Codestrukturen häufig einem verwirrenden Netz gleichen können. Hier kommt das Fluent Interface oder auf deutsch die „fließende Schnittstelle" ins Spiel, eine brillante Idee, die versucht, die Lesbarkeit des Codes und die Erfahrung der Entwickler insgesamt zu verbessern.

Die Hauptfunktion einer fließenden Schnittstelle besteht darin, die Methodenverkettung in objektorientierten Programmiersprachen durch die Verwendung von Entwurfsmustern zu ermöglichen.

Sie ermöglicht es Programmierern einen Code zu konstruieren, der sich wie ein Satz oder eine Konversation liest und fördert so die Verwendung einer ausdrucksstarken und logischen Programmierung. Fluent Interfaces überbrücken die Kluft zwischen Code und menschlichem Verständnis, indem sie eine natürliche, sprachähnliche Schnittstelle bieten, die den Softwareentwicklungsprozess beschleunigt und verbessert. Durch die Bereitstellung einer fließenden, konversationsähnlichen Schnittstelle ermöglichen sie es Entwicklern, einen Code zu schreiben, der elegant, lesbar und wartbar ist.

Dadurch wird es Entwicklern ermöglicht, zu experimentieren und neue Möglichkeiten innerhalb der Kodierung zu finden, was wiederum Zeit spart.

Sie begünstigen zudem die Erweiterung des Codes und die Wartungsfreundlichkeit. Änderungen an der zugrunde liegenden Implementierung können mit geringen Auswirkungen auf die aktuelle Codebasis vorgenommen werden, da sich die Schnittstelle wie ein Dialog liest. Die Entwickler können die Implementierung ändern und gleichzeitig sicherstellen, dass die Schnittstelle konsistent bleibt, indem sie eine klare Trennung zwischen der Schnittstelle und der Implementierung vornehmen. Die Möglichkeit, Software anzupassen und zu verbessern, ohne den Code, der mit ihr interagiert, zu beeinflussen, macht Wartungs- und Refactoring-Aufgaben weniger schwierig und fehleranfällig.

Wie jeder andere Programmieransatz sollten sie aber mit Bedacht und in Übereinstimmung mit den Grundsätzen guter Softwareentwicklung eingesetzt werden. Ein schwierig zu verstehender Code kann aus der übermäßigen Verwendung von Methodenverkettungen oder zu komplizierten Schnittstellen resultieren.

Daher sollte man ein Gleichgewicht zwischen Lesbarkeit und Funktionalität finden und dabei den Kontext und die Bedürfnisse des aktuellen Projekts berücksichtigen.

GAIA-X

GAIA-X ist eine bahnbrechende Initiative, die darauf abzielt, eine sichere und vertrauenswürdige Dateninfrastruktur für Europa zu schaffen. Sie wurde von Deutschland und Frankreich ins Leben gerufen und hat das Ziel, die digitale Souveränität Europas zu stärken.

Das Projekt soll eine offene, transparente und nutzerfreundliche Umgebung für Daten und Dienste schaffen. Es soll den freien Fluss von Daten innerhalb der EU ermöglichen, während gleichzeitig hohe Standards für Datenschutz und Datensicherheit gewährleistet werden. Dies ist besonders wichtig in einer Zeit, in der Daten immer mehr als wertvolle Ressource angesehen werden.

Ein zentraler Aspekt von GAIA-X ist die Schaffung von Datenräumen, in denen Unternehmen und Organisationen Daten sicher und effizient teilen können. Diese Datenräume könnten in einer Vielzahl von Sektoren eingesetzt werden, von der Gesundheitsversorgung bis zur Fertigung, und könnten dazu beitragen, Innovationen zu fördern und neue Geschäftsmodelle zu ermöglichen. Sie könnten auch dazu beitragen, die Effizienz und Produktivität in diesen Sektoren zu steigern.

GAIA-X steht jedoch auch vor Herausforderungen. Es muss einen Weg finden, die Interessen und Bedürfnisse einer Vielzahl von Stakeholdern auszugleichen, darunter Unternehmen, Regierungen und Bürger. Es muss auch sicherstellen, dass es mit bestehenden Gesetzen und Vorschriften, wie der Datenschutz-Grundverordnung (DSGVO), übereinstimmt. Dies ist eine komplexe Aufgabe, da es viele verschiedene Interessen und Anforderungen zu berücksichtigen gilt.

Trotz dieser Herausforderungen hat GAIA-X das Potenzial, die Art und Weise, wie wir Daten nutzen und teilen, grundlegend zu verändern. Es könnte dazu beitragen, eine digitale Landschaft zu schaffen, die sowohl offen als auch sicher ist, und könnte Europa in die Lage versetzen, eine Führungsrolle in der globalen Datenwirtschaft zu übernehmen.

Insgesamt ist GAIA-X ein spannendes und vielversprechendes Projekt. Es repräsentiert einen wichtigen Schritt in Richtung digitaler Souveränität und könnte dazu beitragen, die Art und Weise, wie wir Daten nutzen und teilen, grundlegend zu verändern. Es bleibt abzuwarten, wie es sich entwickeln wird, aber es ist klar, dass es das Potenzial hat, einen bedeutenden Einfluss auf die digitale Landschaft in Europa zu haben. Es ist eine spannende Zeit, in der wir Zeugen der Gestaltung unserer digitalen Zukunft sind. Es ist klar, dass GAIA-X eine Schlüsselrolle in dieser Zukunft spielen wird.

Bildschirme dominieren unsere täglichen Abläufe und damit taucht ein Konzept auf, das uns dazu bringt, die digitale Erfahrung mit einem spielerischen Twist zu betrachten: Gamification. Eine Methode, die Elemente aus Spielen in nichtspielerische Kontexte einfließen lässt, um Engagement und Motivation zu steigern.

Gamification integriert Elemente wie Punktesysteme, Belohnungen und Storytelling in Anwendungen, Websites, Bewerbungsprozesse oder sogar in Bildungssysteme. Warum?

Um uns dazu zu bringen, bestimmte Ziele zu erreichen, sei es das Abschließen eines Online-Kurses, das Erreichen von Fitnesszielen oder die Steigerung der Kundenbindung. „Erst die Arbeit, dann das Vergnügen" - diesen Spruch haben Sie bestimmt schon oft gehört. Es soll auf eine Grundregel verweisen: Arbeiten und Spielen passen nicht zusammen. Mit Gamification verschwimmt diese Regel immer mehr.

Denken Sie an Ihre Fitness-Apps: durch das Einbinden von Fortschrittsanzeigen und Belohnungen, wie virtuellen Medaillen, wird man ermutigt gesündere Gewohnheiten zu entwickeln und die vorgegebenen Trainingsziele zu erreichen. Dieses spielerische Element steigert nicht nur die Motivation, sondern macht den Prozess auch unterhaltsamer.

Im Bildungsbereich macht sich Gamification durch die Integration von spielerischen Aspekten in Lernplattformen bemerkbar. Punkte, Avatare oder Levels schaffen Anreize, um Lernende zu motivieren und ihre Aufmerksamkeit aufrechtzuerhalten. Dadurch wird ein Umfeld geschaffen, das weniger wie eine Pflicht und mehr wie eine unterhaltsame Herausforderung wirkt.

Auch Unternehmen nutzen diese Methode, um Kunden zu motivieren, an Treueprogrammen teilzunehmen oder um Mitarbeiter zu engagieren und ihre Produktivität zu steigern. Spielerische Elemente werden in Arbeitsprozesse integriert, indem sie beispielsweise Punkte für erledigte Aufgaben vergeben oder Wettbewerbe organisieren.

Die Anwendung muss aber klug erfolgen, um tatsächlichen Nutzen zu bringen. Eine übermäßige oder unüberlegte Nutzung kann ihre Wirksamkeit beeinträchtigen und sogar das Gegenteil bewirken, indem es Desinteresse oder Frustration bei den Nutzern hervorruft.

Das Manipulieren von Verhalten durch spielerische Anreize erfordert außerdem Verantwortung. Die klare Kommunikation darüber, wie und warum Gamification verwendet wird, ist daher von großer Bedeutung.

Es liegt also an uns, die Spielregeln zu verstehen und klug mit ihnen umzugehen, um das volle Potenzial von Gamification auszuschöpfen.

GEOINFORMATIK

Letztens in einer lockeren Runde unter Freunden kamen wir auf das Thema Etablierung neuer Studiengänge an Thüringer Hochschulen und ich berichtete über das konkrete Vorhaben eines neuen Studienganges Geoinformatik. Als ich dann erläuterte, was denn ein Geoinformatiker macht, war die Idee geboren, dies auch als Thema für diese Kolumne zu verwenden.

Es geht bei der Geoinformatik um nichts weniger als "Die Vermessung der Welt", wenn man für die Erklärung die Literatur und damit den gleichnamigen Roman von Daniel Kehlmann bemühen will. Inhaltlich ist die Geoinformatik eine Mischung aus Informatik, Geodäsie und Geografie, aber sie enthält auch Themen aus der Raumplanung, der Biologie und des Umweltschutzes. Da es um die digitale Vermessung der Erdoberfläche geht, kann man den Beruf auch einfach mit der Frage "Wo?" beschreiben.

Geoinformatikerinnen und Geoinformatiker erfassen und analysieren sogenannte Geoinformationen und werten diese aus. Diese ausgewerteten Daten zeigen dem Nutzer dann beispielsweise die Lage von Infrastrukturen, der Bebauung oder auch Daten des Klimas und der Vegetation. Moderne "Maps-Anwendungen" oder die Navigation im Auto wären ohne Geoinformatiker nicht möglich. Da viele Katasterämter in Deutschland ihre Daten noch auf Papier vorliegen haben, müssen diese abertausenden Karten in ein digitales Format transformiert werden. Auch dafür werden derzeit händeringend Menschen mit Geoinformatik-Wissen gesucht. Das Interessante an diesem Beruf ist sicherlich das Arbeiten mit Daten, die einen konkreten Anwenderbezug haben. Außerdem kommt es nicht selten vor, dass man als Geoinformatiker in der freien Natur mit mobilen Messgeräten Daten sammelt und somit nicht nur vor dem Rechner sitzt.

Im Internet habe ich als Anwender die Möglichkeit, zahlreiche Plattformen für interessante Auskünfte zu nutzen. Wenn Sie beispielsweise auf den Seiten der Telekommunikationsunternehmen nach der verfügbaren Internetbandbreite an Ihrem Wohnort suchen, steckt dahinter ein sogenanntes Geoinformationssystem. Auch die moderne Forstwirtschaft kommt nicht mehr ohne solche Informationssysteme aus. Derzeit werden zum Beispiel in Testgebieten Feuchtigkeitssensoren im Waldboden installiert, um detaillierte Informationen zur Bodenfeuchtigkeit zu liefern. Dadurch könnten im Bedarfsfall an bestimmten Punkten unter anderem künstliche Bewässerungen vorgenommen werden, um eine Brandgefahr zu verhindern.

Ich meine, genügend Gründe, um die Geoinformatik bei jungen Menschen bekannt und interessant zu machen. Auf jeden Fall ein Beruf mit glänzenden Erfolgsaussichten.

Glasfaser ist ein Schlüssel zur Digitalisierung und stellt die notwendige Netzwerkinfrastruktur bereit, um den erhöhten Datenbedarf und die Anforderungen an Geschwindigkeit, Zuverlässigkeit und Sicherheit zu erfüllen. Die technologischen Eigenschaften von Glasfaser machen sie zu einem zentralen Faktor einer erfolgreichen Digitalisierung. Glasfaserkabel bieten eine deutlich höhere Bandbreite als herkömmliche Kupferkabel. Sie können Datenmengen in Gigabit-Geschwindigkeit übertragen, was sie ideal für datenintensive Anwendungen wie Streaming, Gaming und Cloud-Computing macht. Außerdem sind Glasfaserkabel weniger anfällig für Störungen und Ausfälle. Sie sind immun gegen elektromagnetische Interferenzen, die bei Kupferkabeln zu Datenverlust führen können. Zudem sind sie widerstandsfähiger gegen physische Beschädigungen. Daten, die über Glasfaserkabel übertragen werden, sind schwerer abzufangen als Daten, die über Kupferkabel übertragen werden. Dies macht Glasfaser zu einer sichereren Option für die Datenübertragung.

Die aktuelle Entwicklung zeigt, dass sowohl das Angebot von als auch die Nachfrage nach Glasfaseranschlüssen in Deutschland noch nie so stark gewachsen sind wie 2022. Die Telekom hat 2023 mehr als 2,5 Millionen neue Glasfaseranschlüsse ermöglicht und damit ihre Pläne voll erfüllt. Insgesamt können nun acht Millionen Haushalte einen Glasfaseranschluss buchen.

Trotz dieser Fortschritte rangiert Deutschland im internationalen Vergleich nach wie vor nicht gut. Gemäß des Rankingvergleichs vom „FTTH-Council" von Ende 2021, rangierte die Bundesrepublik in der weltweiten Betrachtung damals nur auf Platz 345. Allerdings gibt es Hoffnung: Experten gehen für Deutschland von einem extremen Wachstum bei der Zahl der Glasfaser-Kunden von 2 auf 25 Mio. aus.

Die Digitalisierung hat die Art und Weise, wie wir beruflich und privat kommunizieren, arbeiten und unsere Freizeit verbringen, enorm verändert. Glasfaser schickt sich als Standardtechnologie an, diesen Anforderungen mehr als gerecht zu werden und auch in ländlichen Gebieten, die meist noch mit Kupferleitungen und teilweise nur mit 16 MBit/s-Anbindungen versorgt sind, für eine leistungsfähige Infrastruktur zu sorge.

Die aktuelle Deloitte Glasfaser Studie 2023 hat gezeigt, dass Verbraucher Homeoffice und Entertainment-Angebote wie VR/AR und Video-Streaming stärker nutzen würden, wenn die nötige Bandbreite dafür verfügbar wäre. Zudem ist Glasfaser ein entscheidender Faktor für die Wirtschaft, um im globalen Wettbewerb bestehen zu können.

Insgesamt ist Glasfaser ein entscheidendes Element der digitalen Transformation und spielt eine zentrale Rolle in der aktuellen Entwicklung der Digitalisierung. Es bleibt spannend zu beobachten, wie sich der Glasfaserausbau in den nächsten Jahren entwickeln wird und welche Auswirkungen dies auf unsere Gesellschaft haben wird.

GODFATHER TROJANER

Der Godfather Trojaner ist einer der gefährlichsten Computer-Viren, die es gibt. Seit seiner Einführung vor einigen Jahren hat er sich weit verbreitet und hat viele Benutzer betroffen. Der Godfather Trojaner wurde ursprünglich als einfaches Spyware-Programm, also für das Ausspähen von Onlineverhalten der Nutzer entwickelt, aber seine Funktionalität hat sich im Laufe der Zeit erweitert. Der Virus hat zwischen Mitte 2021 und Oktober 2022 rund 400 internationale Finanzunternehmen angegriffen. Nun warnt die BaFin (Bundesanstalt für Finanzdienstleistungsaufsicht) erneut vor dem Banking-Trojaner.

Er dringt in einen Computer ein, indem er sich als harmloses Programm tarnt, zum Beispiel als Freeware. Sobald er dann auf dem Computer installiert ist, beginnt er, wichtige Daten wie Bankdaten, Passwörter oder andere persönliche Informationen zu stehlen – oft auch mit Zwei-Faktor-Benachrichtigung. Diese Informationen werden dann an die Betreiber des Virus weitergegeben, die sie dann für illegale Geschäfte nutzen können.

Die Frage ist: Wer steckt dahinter? Das ist derzeit noch nicht bekannt, Experten gehen aber davon aus, dass russische Hacker dahinterstecken. Da sich der Trojaner automatisch deaktiviert, sobald er auf einem Smartphone die Sprache für die Regionen Usbekistan, Russland, Belarus und Kasachstan feststellt.

Der Godfather Trojaner ist deshalb besonders gefährlich, weil er sich selbstständig auf andere Computer im Netzwerk ausbreitet. Er ist also in der Lage, ein ganzes Firmennetzwerk zu infizieren, sobald ein infizierter Computer an das Netzwerk angeschlossen wird. Der Virus kann aber auch dazu verwendet werden, um andere Viren und Schadsoftware auf dem infizierten Computer zu installieren.

Um sich vor dem Trojaner schützen zu können, ist es wichtig, ein robustes Antivirus-Programm zu installieren und regelmäßig zu aktualisieren. Es ist auch wichtig, vorsichtig bei E-Mail Anhängen, Downloads aus dem Internet und Installationsprogrammen zu sein, die nicht von vertrauenswürdigen Quellen stammen.

Wenn man aber trotzdem den Verdacht hat, dass der eigene Computer oder das Smartphone befallen ist, sollte man so schnell wie möglich Maßnahmen ergreifen, um den Virus zu entfernen. Das kann zum Beispiel durch das Scannen des Computers mit einem Antivirus-Programm oder durch die Verwendung eines speziellen Trojaner-Entfernungstools erfolgen.

Der Trojaner ist also eine ernsthafte Bedrohung und wird wohl in den nächsten Wochen weltweit noch erheblichen Schaden anrichten.

Digitale Lösungen als Bürgerdienstleistungen, betrieben durch staatliche Institutionen, dies soll der Begriff Governance Technology (GovTech) beschreiben. Auch wenn der Staat nicht selbst entwickelt, ist es für private Firmen sehr schwer, gute und intuitive Software für die öffentliche Verwaltung zu entwickeln, da sich staatliche Anforderungen oder gesetzliche Vorgaben ständig ändern.

Ein weniger gutes Beispiel ist die elektronische Patientenakte. Nach über 20 (!) Jahren Entwicklungszeit ging sie im letzten Jahr endlich an den Start. Und heute, haben Sie schon Ihre eigene ePA im Einsatz?

Es muss aber nicht immer an der Software bzw. App liegen, oftmals ist es auch ein Akzeptanzproblem durch uns Bürger. Schauen wir uns beispielsweise die Corona Warn App (CWA) an. Zweifelsfrei eine gut entwickelte App, die bis Mai 2022 schon 45 Mio. Mal auf Handys geladen wurde. Aber wird sie auch regelmäßig im vollen Umfang genutzt? In meinem Verwandten- und Bekanntenkreis wird sie hauptsächlich zum Nachweis des Impf- bzw. Genesenen Status, nicht aber für die Kontaktverfolgung genutzt.

In Vorbereitung dieser Kolumne habe ich in den letzten Tagen einige Bekannte nach ihrem Risikostatus in der CWA gefragt. Bei 11 von 12 Befragten war der Status rot, d.h. man hatte jeweils in den letzten Tagen sogenannte Risikobegegnungen. Aber was folgt daraus, beachtet nun jeder Nutzer die sich aus diesem Status ergebenen Verhaltensregeln? Wenn das nicht so ist, würden die bisher 130 Millionen Euro, die in die Entwicklung der CWA geflossen sind, relativ nutzlos sein.

Aber warum klappt es in Deutschland bei nur wenigen Ausnahmen künstliche Intelligenz, Blockchain oder andere fortschrittliche Technologien für innovative Verwaltungslösungen zu entwickeln? Auf diese Frage habe ich leider auch keine einfache Antwort. Aber wir könnten wieder einmal von anderen Ländern lernen. Nein, ich rede nicht von Estland, sondern von der Ukraine, einem Land, was derzeit wahrlich andere Probleme hat.

Aber wie selbstverständlich nach Deutschland geflüchtete ukrainische Schüler weiterhin Digitalunterricht machen oder der Staat jeden Tag durch innovative Lösungen auf den Quadratmeter genau weiß, wie viel Wohnraum zerstört ist, beeindruckt. Ein innerhalb der Ukraine geflüchteter Bürger bekommt in ca. 5 Minuten über eine App seinen Flüchtlingsstatus zuerkannt. Wie sagte einer unserer Bundespräsidenten: Ein (digitaler) Ruck muss durch Deutschland gehen!

HACKATHON

In den letzten Jahren haben sich Hackathons zu einem faszinierenden Trend entwickelt. Aber was genau ist ein Hackathon und warum sind sie so bedeutend?

Der Begriff Hackathon setzt sich aus den Wörtern Hacking und Marathon zusammen. So auseinandergenommen, könnte der Begriff für Verwirrung sorgen, da man den Begriff Hacking, hier zu Lande, vor allem mit krimineller Energie in Verbindung setzt. Damit hat der Hackathon aber keinesfalls etwas zu tun. Hacking bezieht sich in diesem Kontext darauf, eine kreative, technische Lösung zu finden. Eine sportliche Aktivität ist ebenfalls nicht inbegriffen, dafür aber eine lange, konzentrierte Anstrengung.

Ein Hackathon ist eine Veranstaltung, bei der Menschen, oft Entwickler, Designer und andere kreative Köpfe, zusammenkommen, um in einem begrenzten Zeitraum intensiv an Projekten zu arbeiten – sozusagen eine Konferenz für Hard- und Software-Entwickler. Die Events fördern die Zusammenarbeit zwischen Menschen mit unterschiedlichem Fachwissen und Hintergrund und tragen zu einer Vielzahl innovativer Ideen bei.

Ein charakteristisches Merkmal von Hackathons ist die intensive Zeitbegrenzung. In der Regel haben die Teilnehmer nur 24 bis 72 Stunden, um ihre Projekte zu planen, zu entwickeln und zu präsentieren – das ist sehr besonders, denn normalerweise sind Software-Entwicklungen sehr zeitintensiv und langwierig. Diese knappe Zeitspanne zwingt die Teams oder Einzelperson, kreativ und effizient zu arbeiten.

Häufig wird sich auch auf verschiedene Ziele konzentriert. Bei einigen geht es um Softwareentwicklungen, während andere Hardwareprojekte bearbeiten.

Außerdem gibt es soziale Hackathons, bei denen technische Lösungen für soziale Probleme entwickelt werden. Oft haben die Events auch ein bestimmtes Thema. Es gibt Konferenzen zu einer bestimmten Programmiersprache, zu unterschiedlichen Anwendungsarten oder zu einer etwas allgemeineren Thematik, wie zum Beispiel Open Government.

Die Teilnehmer haben dabei die Freiheit, neue Ideen auszuprobieren, ohne sich um bürokratische Hindernisse, typische Entwicklungszwänge oder Budgetbeschränkungen sorgen zu müssen. Dies ermöglicht die Entwicklung von Prototypen und Konzepten, die sich zu erfolgreichen Produkten oder Dienstleistungen entwickeln können.

Hackathons sind eine aufregende und bedeutende Facette der heutigen Technologiewelt. Egal, ob erfahrener Entwickler oder einfach nur die Neugier auf die Welt der Technologie - ein Hackathon ist definitiv eine Erfahrung, die sich lohnt.

HASHTAG

Ein Hashtag ist ein mächtiges Werkzeug in der digitalen Welt. Ursprünglich auf Twitter eingeführt, hat es sich schnell auf andere soziale Medien wie Instagram, Facebook und LinkedIn ausgebreitet. Ein Hashtag ist ein Wort oder eine Phrase, die mit dem Symbol "#" beginnt. Es wird verwendet, um Nachrichten zu einem bestimmten Thema zu kategorisieren und zu verlinken.

Hashtags haben die Art und Weise, wie wir kommunizieren und Informationen suchen, revolutioniert. Sie ermöglichen es uns, schnell und effizient nach Inhalten zu suchen, die uns interessieren. Sie helfen uns, an Diskussionen teilzunehmen, Meinungen auszutauschen und uns mit Menschen auf der ganzen Welt zu vernetzen.

Darüber hinaus spielen Hashtags eine entscheidende Rolle bei der Digitalisierung. Sie sind ein Beispiel dafür, wie die Digitalisierung die Art und Weise, wie wir kommunizieren und Informationen austauschen, verändert hat. Sie haben die Grenzen der Kommunikation erweitert und es uns ermöglicht, in Echtzeit auf globale Ereignisse zu reagieren.

Aber wie bei jedem Werkzeug, kommt es darauf an, wie wir es verwenden. Ein effektiver Einsatz von Hashtags erfordert Verständnis und Strategie. Zu viele Hashtags können als Spam angesehen werden, während zu wenige die Sichtbarkeit einschränken können. Es ist wichtig, relevante und spezifische Hashtags zu verwenden, um die richtige Zielgruppe zu erreichen.

Insgesamt sind Hashtags ein Symbol für die digitale Revolution. Sie zeigen, wie die Digitalisierung unsere Kommunikation und unseren Zugang zu Informationen verbessert hat. Sie sind ein Beispiel dafür, wie ein einfaches Symbol eine globale Bewegung werden kann. Es liegt an uns, dieses Werkzeug effektiv zu nutzen und die Vorteile der Digitalisierung zu nutzen.

Die Macht der Hashtags zeigt sich auch in ihrer Fähigkeit, soziale Bewegungen zu fördern und zu verbreiten. Von #BlackLivesMatter bis #MeToo haben Hashtags dazu beigetragen, wichtige Themen in den Vordergrund zu rücken und eine Plattform für diejenigen zu schaffen, die sonst vielleicht übersehen worden wären. Sie haben uns gezeigt, wie mächtig eine Stimme sein kann, wenn sie durch die Kraft der Digitalisierung verstärkt wird.

Letztendlich sind Hashtags mehr als nur ein Trend. Sie sind ein integraler Bestandteil unserer digitalen Kommunikation und ein Zeichen dafür, wie weit wir in der digitalen Ära gekommen sind. Mit der richtigen Nutzung können Hashtags dazu beitragen, unsere Welt besser zu verstehen und zu navigieren.

HONEYTOKEN

Kommen wir heute zu der süßen Falle, die unsere Sicherheit im Cyberspace erhöhen kann. Es gibt viele Instrumente, um Daten und Systeme vor Bedrohungen schützen zu können. Eines der oft übersehenen Tools ist der sogenannte Honeytoken. Dieses Konzept leitet sich von Honeypots ab, einer Technik, bei der absichtlich verwundbare Systeme erstellt werden, um Hacker anzulocken und ihre Aktivitäten zu überwachen. Honeytokens sind die schlauere, weniger aufwändige Schwester der Honeypots.

Honeytokens sind Köder oder gefälschte Daten, die absichtlich in einem System platziert werden, um unautorisierte Zugriffe zu erkennen. Diese Daten sind verlockend, aber sie sollten unter normalen Umständen niemals herangezogen werden, weil sie im Kern „nutzlose Datenstücke" sind. Wenn jemand versucht, auf diese Daten zuzugreifen oder sie zu verwenden, ist dies ein klares Anzeichen für eine Sicherheitsverletzung. Der Köder kann in verschiedenen Erscheinungen auftreten, wie ein Excel-Sheet, Word-Dokument oder ein gefälschtes Benutzerkonto mit Passwort. Es ist egal, in welcher Form der Köder auftritt, wichtig ist nur, dass es keinen rechtmäßigen Grund gibt auf den Honeytoken zuzugreifen oder ihn zu nutzen. Jeder Zugriff oder die Nutzung kann somit als Angriff oder Missachtung von Richtlinien verstanden werden. Der Wert der Köder liegt also in ihrem Missbrauch und nicht in ihrem Gebrauch.

Warum sind Honeytokens so wichtig? Sie bieten eine nichtinvasive Möglichkeit, Bedrohungen zu erkennen. Im Gegensatz zu traditionellen Sicherheitsmaßnahmen, die sich oft auf das Blockieren oder Abwehren von Angriffen konzentrieren, zielen sie darauf ab, Angreifer zu identifizieren, bevor sie Schaden anrichten können. Das bedeutet, dass sie proaktiv handeln können, anstatt nur auf Alarme zu reagieren. Sie können aber auch dabei helfen, Defekte in bereits installierten Sicherheitsmaßnahmen zu identifizieren.

Honeytokens sind eine clevere Ergänzung zu jedem Sicherheitssystem. Sie bieten eine einfache, aber äußerst effektive Methode, um potenzielle Bedrohungen frühzeitig zu erkennen und zu bekämpfen. Sie sind aber keine ultimative Lösung, denn sie können nicht alle Varianten von Angriffen abwehren. Aus diesem Grund sollten Honeytokens immer in Kombination mit zusätzlichen Sicherheitsmaßnahmen wie Antivirus-Softwaren oder Firewalls eingesetzt werden. Aber in einer Welt, in der Cyberangriffe immer häufiger werden, sind sie eine willkommene Hilfe, um unsere digitalen Welten sicherer zu machen.

Industrie 4.0, auch bekannt als die vierte industrielle Revolution, steht für eine neue Ära in der Fertigung, die durch die Integration von Informationstechnologie und Betriebstechnologie gekennzeichnet ist. Industrie 4.0 ist nicht nur eine technologische Revolution, sondern auch eine Transformation der Art und Weise, wie Unternehmen arbeiten und produzieren. Es geht darum, die physische mit der digitalen Welt zu verbinden und so eine vernetzte Produktionsumgebung zu schaffen, die effizienter, flexibler und anpassungsfähiger ist.

Im Kern der Industrie 4.0 steht das Konzept des "Internet der Dinge", auch IoT genannt, das die Vernetzung von Maschinen, Systemen und Produkten ermöglicht. Diese Vernetzung ermöglicht eine verbesserte Kommunikation und Koordination zwischen den verschiedenen Elementen des Produktionsprozesses, was zu einer erhöhten Effizienz und Produktivität führt.

Ein weiterer wichtiger Aspekt der Industrie 4.0 ist die Nutzung von Big Data und Analytics. Durch die Sammlung und Analyse großer Mengen an Betriebsdaten können Unternehmen Einblicke gewinnen, die zur Verbesserung der Produktionsprozesse, zur Vorhersage von Wartungsbedarf und zur Anpassung an sich ändernde Marktbedingungen genutzt werden können. Aber auch die Rolle des Menschen ist sehr wichtig. Trotz der zunehmenden Automatisierung bleibt der Mensch ein unverzichtbarer Teil des Produktionsprozesses. Durch die Nutzung von Technologien wie Augmented Reality und Virtual Reality können Arbeiter auf intuitive Weise mit Maschinen interagieren und komplexe Aufgaben effizienter ausführen. Durch die Optimierung der Produktionsprozesse und die effiziente Nutzung von Ressourcen kann die Industrie 4.0 dazu beitragen, den ökologischen Fußabdruck der Fertigung zu reduzieren.

Trotz der vielen Vorteile der Industrie 4.0 gibt es auch Herausforderungen. Dazu gehören Fragen der Datensicherheit, der Integration von Altsystemen und der Schulung der Mitarbeiter für den Umgang mit neuen Technologien.

Die Zukunft der Industrie 4.0 ist jedoch vielversprechend. Mit fortschreitender Technologie und wachsendem Verständnis ihrer Möglichkeiten und Grenzen könnte die Industrie 4.0 die Art und Weise, wie wir produzieren und konsumieren, grundlegend verändern.

INTERNET OF THINGS (IOT)

Das Internet der Dinge (IoT) ist eine revolutionäre Technologie, die das Potenzial hat, unser Leben auf tiefgreifende Weise zu verändern. Es bezieht sich auf die Vernetzung von physischen Geräten - von Haushaltsgeräten bis hin zu industriellen Maschinen - die Daten über das Internet austauschen und miteinander interagieren können.

Einer der größten Vorteile des IoT ist die Effizienzsteigerung. Durch die Sammlung und Analyse von Daten können IoT-Geräte dazu beitragen, Prozesse zu optimieren, Ressourcen zu sparen und Kosten zu senken. Dies ist besonders relevant in Branchen wie der Fertigung, dem Transportwesen und der Energieerzeugung, wo IoT-Technologien dazu beitragen können, die Betriebsabläufe zu verbessern und die Produktivität zu steigern.

Ein weiterer Vorteil des IoT ist die Verbesserung der Lebensqualität. Smart-Home-Geräte wie vernetzte Thermostate, Beleuchtungssysteme und Sicherheitssysteme können den Komfort und die Sicherheit in unseren Häusern erhöhen. Wearable-Geräte können unsere Gesundheit und Fitness überwachen und uns dabei helfen, gesündere Lebensstile zu führen.

Darüber hinaus kann das IoT dazu beitragen, unsere Städte intelligenter und effizienter zu machen. Von intelligenten Verkehrssystemen, die den Verkehrsfluss optimieren, bis hin zu intelligenten Stromnetzen, die den Energieverbrauch reduzieren, hat das IoT das Potenzial, unsere städtischen Umgebungen zu transformieren.

Trotz dieser Vorteile gibt es auch Herausforderungen im Zusammenhang mit dem IoT. Dazu gehören Fragen der Datensicherheit und des Datenschutzes, da eine große Menge an sensiblen Daten gesammelt und übertragen wird. Es gibt auch Bedenken hinsichtlich der Skalierbarkeit und Interoperabilität von IoT-Systemen, da die zunehmende Anzahl von vernetzten Geräten neue technische und logistische Herausforderungen mit sich bringt.

Insgesamt hat das IoT das Potenzial, unsere Welt auf tiefgreifende Weise zu verändern. Es bleibt abzuwarten, wie es sich weiterentwickeln wird und welche Auswirkungen es auf unsere Gesellschaft haben wird. Es ist klar, dass wir uns in einer spannenden Phase der technologischen Innovation befinden und das IoT spielt dabei eine Schlüsselrolle. Es ist eine spannende Zeit, in der wir Zeugen der Gestaltung unserer digitalen Zukunft sind.

INTERNET ÜBER SATELLIT

Das Internet hat die Welt verändert, aber es gibt immer noch viele Orte auf der Erde, die keinen zuverlässigen Internetzugang haben. Hier kommt das Internet über Satellit ins Spiel.

Internet über Satellit ist eine Form der Breitband-Internetverbindung, die Satelliten nutzt, um Daten zwischen einem Satelliten und einer Bodenstation zu übertragen. Dies ermöglicht es, Internetverbindungen in abgelegenen oder schwer zugänglichen Gebieten bereitzustellen, wo herkömmliche Kabel- oder Funkverbindungen nicht praktikabel sind.

Ein großer Vorteil des Internets über Satellit ist seine globale Abdeckung. Satelliten können Signale überall auf der Erde senden und empfangen, was bedeutet, dass sie Internetverbindungen in abgelegenen ländlichen Gebieten, auf hoher See oder in der Luft bereitstellen können.

Ein weiterer Vorteil ist die Geschwindigkeit. Moderne Satelliteninternetdienste können Geschwindigkeiten liefern, die mit denen von Kabel- oder Glasfaserverbindungen vergleichbar sind. Dies macht sie zu einer praktikablen Option für Anwendungen, die eine hohe Bandbreite erfordern, wie z.B. Videostreaming oder Online-Gaming.

Trotz dieser Vorteile gibt es auch Herausforderungen. Die Latenz, also die Zeit, die ein Signal benötigt, um vom Satelliten zur Erde und zurück zu gelangen, kann höher sein als bei anderen Arten von Internetverbindungen. Dies kann bei Echtzeitanwendungen wie VoIP-Anrufen oder Online-Spielen zu Problemen führen.

Ein weiteres Problem ist die Witterungsabhängigkeit. Schlechtes Wetter kann die Signalqualität beeinträchtigen und zu Unterbrechungen der Internetverbindung führen. Zudem sind die Kosten für die Einrichtung und Nutzung von Satelliteninternet oft höher als bei anderen Internetoptionen.

Trotz dieser Herausforderungen ist das Internet über Satellit eine vielversprechende Technologie, die das Potenzial hat, die digitale Kluft zu überbrücken und Internetzugang für alle Menschen auf der Erde bereitzustellen. Mit Unternehmen wie SpaceX, die große Satellitennetzwerke aufbauen, könnte das Internet über Satellit in naher Zukunft eine immer wichtigere Rolle spielen.

Abschließend lässt sich sagen, dass das Internet über Satellit eine aufregende und vielversprechende Technologie ist, die das Potenzial hat, unser Leben grundlegend zu verändern. Es ist jedoch wichtig, dass wir uns der Herausforderungen bewusst sind und Lösungen finden, um diese zu bewältigen. Nur so können wir sicherstellen, dass das Internet über Satellit sein volles Potenzial entfalten kann und zu einer Bereicherung unseres Alltags wird.

INTEROPERABILITÄT

Interoperabilität – ein Wort, das erst einmal kompliziert klingt, aber ein ganz einfaches Konzept beschreibt: Die Fähigkeit von Systemen, miteinander zu kommunizieren und zusammenzuarbeiten. Interoperabilität ist von entscheidender Bedeutung für eine reibungslose und effiziente Zusammenarbeit von Unternehmen und Organisationen in der heutigen vernetzen Welt.

Wenn unterschiedliche Systeme nicht miteinander kommunizieren können, muss manuell eingegriffen werden. Dadurch kann es zu Verzögerungen, Fehlern oder Frustration kommen, dies für Unternehmen und die öffentliche Verwaltung gleichermaßen. Interoperabilität geht aber weit über die technischen Aspekte von Systemen hinaus. Es erfordert auch eine gemeinsame Sprache und Standards, um sicherzustellen, dass alle Systeme auf die gleiche Weise miteinander kommunizieren können.

Für kleinere Unternehmen bietet Interoperabilität die Möglichkeit, sich auf schon bestehende Werkzeuge zu stützen, ohne fertige Module entwickeln zu müssen, die einen höheren Aufwand erfordern.

Tatsächlich ist es aber auch wichtig, dass die Systeme unterschiedliche Funktionen und Spezialisierungen haben, um die jeweiligen Aufgaben optimal zu erfüllen. Die Systeme müssen allerdings in der Lage sein, miteinander zu sprechen, um ihre Arbeit effektiv zu erledigen. Auch im demnächst kommenden Gesetz über digitale Märkte (DMA) spielt Interoperabilität eine wichtige Rolle. Das Gesetz der EU soll kleineren Wettbewerbern eine größere Chance für einen Markteintritt ermöglichen und die Marktmacht der Großkonzerne beschränken.

Eine der Bestimmungen sieht zum Beispiel vor, dass sich große Messenger Dienste, wie WhatsApp, öffnen sollen. Sie sollen also interoperabel werden und damit auch das Empfangen von Nachrichten anderer Messenger ermöglichen. Was gut klingt, finden kleinere Anbieter aber weniger gut, da sie sich zum Beispiel mit einem höheren Datenschutz von den Großen unterscheiden wollen. Also müssten im DMA immer die jeweils höchsten Standards gelten, was allerdings auch nicht passiert. Dies würde zu einer Überregulierung führen. Daher bleiben Gesetzesinitiativen wie der DMA Stückwerke, die schnell veralten.

Interoperabilität wird aber ein zentrales Thema für die Zukunft bleiben. Beispielgebend ist hierbei das Gesundheitswesen: Datenübertragungen in diesem Bereich sind sehr sensibel und bedürfen höchsten Sicherheitsstandards. Die Unfähigkeit auf diese Daten im Bedarfsfall zuzugreifen, führt allerdings zu einem erheblichen Schaden.

JAVASCRIPT

JavaScript hat sich im heutigen, sich schnell verändernden digitalen Ökosystem in zahlreichen Branchen als wichtiges Werkzeug zur Förderung der digitalen Transformation erwiesen. Es bietet Unternehmen die Möglichkeit, dynamische, interaktive und reaktionsschnelle Online-Anwendungen zu entwickeln, die dank ihrer Anpassungsfähigkeit und ihrer weiten Verbreitung die Benutzererfahrung verbessern und Verfahren automatisieren.

JavaScript ist eine clientseitige Programmiersprache, die es Programmierern ermöglicht, die Funktionalität und Interaktion von Websites zu verbessern. Sie ist die erste Wahl für die Webentwicklung, da sie leicht programmierbar und mit allen wichtigen Webbrowsern kompatibel ist. Unternehmen können JavaScript verwenden, um funktionsreiche Online-Anwendungen zu erstellen, die auf einer Vielzahl von Plattformen störungsfrei funktionieren und die Lücke zwischen Desktop- und mobilen Anwendungen schließen.

Die Entwicklung von Benutzeroberflächen ist einer der wichtigsten Bereiche, in denen JavaScript erfolgreich ist. Programmierer können reaktionsschnelle, hochgradig interaktive Oberflächen entwerfen, die ein nahtloses Benutzererlebnis bieten. Ein Beispiel dafür wäre zum Beispiel eine dynamische E-Commerce-Website, auf der die Produktlisten in Echtzeit aktualisiert werden, wenn potenzielle Käufer Filter oder Sortierfunktionen verwenden.

Außerdem ist es für die Verbesserung der Seitenleistung unerlässlich. Unternehmen können JavaScript nutzen, um die Bereitstellung von Inhalten zu beschleunigen, die Absprungrate zu senken und die Benutzer auf ihren Websites zu halten.

Auch die Entwicklung von serverlosem Computing und Cloud-basierten Systemen wird vorangetrieben. Unternehmen können je nach Bedarf skalieren und die Betriebskosten senken, indem sie sich auf ihre Kernfunktionen konzentrieren, anstatt sich um die Verwaltung der Infrastruktur zu kümmern – und das dank serverloser Architekturen. Eine JavaScript-basierte Anwendung für das Gesundheitswesen, die auf einer Cloud-Plattform installiert ist, kann beispielsweise eine wachsende Zahl von Benutzern und Daten verarbeiten, ohne dass es zu Leistungsproblemen kommt.

JavaScript ist also zu einer entscheidenden Komponente im Prozess der digitalen Transformation geworden. Seine Anpassungsfähigkeit, seine umfassende Nutzung und sein starkes Ökosystem machen es zu einer erstklassigen Option für Unternehmen, die dynamische und interaktive Online-Anwendungen entwickeln möchten.

KOCHROBOTER

Die Küche ist seit jeher ein Ort der Innovation und Kochroboter sind die neueste Entwicklung in dieser ständigen Evolution. Sie repräsentieren eine Verschmelzung von Kulinarik und Technologie, die das Potenzial hat, die Art und Weise, wie wir Lebensmittel zubereiten und konsumieren, zu revolutionieren.

In einer Welt, in der Technologie immer mehr Aspekte unseres Lebens durchdringt, sind Kochroboter keine Science-Fiction mehr.

Kochroboter sind Maschinen, die darauf programmiert sind, eine Vielzahl von kulinarischen Aufgaben zu erledigen, von einfachen bis hin zu komplexen. Sie können Zutaten schneiden, rühren, braten und sogar komplizierte Rezepte von Grund aufzubereiten. Einige Modelle können sogar lernen und sich anpassen, indem sie neue Rezepte aus dem Internet herunterladen oder durch maschinelles Lernen ihre Fähigkeiten verbessern.

Die Vorteile von Kochrobotern sind vielfältig. Sie können Zeit und Mühe sparen, indem sie die Vorbereitung und das Kochen von Mahlzeiten übernehmen. Sie können auch dazu beitragen, Lebensmittelverschwendung zu reduzieren, indem sie genau die richtige Menge an Zutaten verwenden. Darüber hinaus können sie eine konsistente Qualität liefern, was besonders in professionellen Küchen von Vorteil sein kann. Sie können auch dazu beitragen, gesündere Essgewohnheiten zu fördern. Durch die präzise Kontrolle der Zutaten und Kochmethoden können sie dazu beitragen, nährstoffreiche und kalorienarme Mahlzeiten zuzubereiten.

Aber Kochroboter sind nicht ohne Herausforderungen. Fragen der Sicherheit, Kosten und Akzeptanz sind noch zu klären. Und während sie viele Aufgaben übernehmen können, können sie das menschliche Element des Kochens - die Kreativität, die Leidenschaft, die Intuition - noch nicht ersetzen.

Trotz dieser Herausforderungen ist die Zukunft der Kochroboter vielversprechend. Mit fortschreitender Technologie werden sie immer leistungsfähiger und zugänglicher. Sie könnten die Art und Weise, wie wir kochen und essen, grundlegend verändern und uns dabei helfen, gesünder, effizienter und nachhaltiger zu leben.

KÜNSTLICHE INTELLIGENZ

Künstliche Intelligenz, kurz KI, ist eine transformative Technologie, die das Potenzial hat, fast jeden Aspekt unseres Lebens zu verändern. Von selbstfahrenden Autos und personalisierten Empfehlungen bis hin zu fortschrittlicher Krebsdiagnostik und Klimamodellierung, KI ist dabei, die Art und Weise, wie wir arbeiten, lernen und leben, neu zu definieren.

KI bezieht sich auf die Fähigkeit von Maschinen, menschenähnliche Intelligenz zu demonstrieren, einschließlich Lernen, Verstehen, Problemlösen und Entscheidungsfindung. Es gibt zwei Haupttypen von KI: schwache KI, die für spezifische Aufgaben entwickelt wurde, wie z.B. Spracherkennung oder Bildanalyse; und starke KI, die das Potenzial hat, jede intellektuelle Aufgabe zu erfüllen, die ein Mensch kann.

Die Fortschritte in der KI sind weitgehend auf die Entwicklung von Maschinellem Lernen zurückzuführen, einem Teilbereich der KI, der es Maschinen ermöglicht, aus Daten zu lernen und sich zu verbessern, ohne explizit programmiert zu werden. Tiefes Lernen, eine Untergruppe des Maschinellen Lernens, hat besonders beeindruckende Ergebnisse erzielt, indem es neuronale Netzwerke verwendet, die das menschliche Gehirn nachahmen.

Ein weiterer wichtiger Aspekt der KI ist die natürliche Sprachverarbeitung, die es Maschinen ermöglicht, menschliche Sprache zu verstehen und zu generieren. Dies hat zu bedeutenden Fortschritten in Bereichen wie maschineller Übersetzung, Spracherkennung und Chatbots geführt.

KI wird auch zunehmend in der Medizin eingesetzt, wo sie Ärzten helfen kann, Krankheiten zu diagnostizieren, Behandlungspläne zu erstellen und sogar Operationen durchzuführen. In der Wirtschaft wird KI verwendet, um Muster in großen Datenmengen zu erkennen, was zu besseren Geschäftsentscheidungen führen kann.

Trotz der beeindruckenden Fortschritte gibt es auch Herausforderungen. Dazu gehören ethische Bedenken, wie z.B. die Verwendung von KI in Überwachung und Waffen, sowie technische Herausforderungen.

Insgesamt steht die Künstliche Intelligenz noch am Anfang ihrer Entwicklung, aber ihr Potenzial ist enorm. Es ist eine aufregende Zeit, in der wir Zeugen einer technologischen Revolution sind, die das Potenzial hat, unser Leben auf tiefgreifende und unvorstellbare Weise zu verändern. Es ist an der Zeit, dass wir diese Technologie umarmen und in die Zukunft der Künstlichen Intelligenz investieren. Es ist eine aufregende Zeit, in der wir Zeugen einer technologischen Revolution sind, die das Potenzial hat, unser Leben auf tiefgreifende und unvorstellbare Weise zu verändern. Es ist an der Zeit, dass wir diese Technologie umarmen und in die Zukunft der Künstlichen Intelligenz investieren.

LIGHT FIDELITY (LIFI)

In einer Welt, in der die Datenkommunikation immer wichtiger wird, werden die Grenzen herkömmlicher drahtloser Netze immer deutlicher. Daher suchen Forscher nach alternativen Datenübertragungstechniken. Light Fidelity, kurz LiFi, ist eine bahnbrechende Innovation, die die drahtlose Kommunikation verändern wird.

Um ein schnelles, sicheres und energieeffizientes Netzwerk aufzubauen, überträgt LiFi Daten mit Hilfe des sichtbaren Lichtspektrums und Leuchtdioden. Es könnte also passieren, dass in Zukunft jede Glühbirne im eigenen Haus, am Arbeitsplatz oder in einem öffentlichen Bereich nicht nur als Beleuchtungsquelle, sondern auch als Datensender fungiert.

LiFi basiert auf einer simplen Idee: LEDs flackern sehr schnell und sind für das menschliche Auge unsichtbar. Auf Geräten wie Smartphones oder Laptops werden spezielle Empfänger wie Fotodioden eingesetzt, um die Daten zu entschlüsseln, die durch diese Schwankungen kodiert werden. Das Ergebnis ist eine drahtlose Verbindung, die unglaublich schnell und zuverlässig ist.

Die Geschwindigkeit von LiFi ist einer der Vorteile. Es wird erwartet, dass LiFi mit theoretischen Datengeschwindigkeiten von bis zu mehreren Gigabit pro Sekunde deutlich mehr leistet als herkömmliche WiFi-Netzwerke. Diese blitzschnelle Datenübertragung eröffnet eine Welt voller Möglichkeiten, darunter Echtzeitkommunikation, blitzschnelle Downloads und nahtloses Streaming von hochauflösenden Videoinhalten.

Lichtwellen sind auf ihre Quelle beschränkt, im Gegensatz zu Radiowellen, die Wände durchdringen und von Unbefugten abgefangen werden können. Diese eingebaute Beschränkung erhöht die Sicherheit zusätzlich, da es für Hacker schwieriger wird, auf wichtige Daten zuzugreifen.

LiFi ist auch eine umweltfreundlichere Alternative zu herkömmlichen drahtlosen Netzwerken, da es Beleuchtung und Kommunikation kombiniert. Das minimiert nicht nur den Bedarf an zusätzlicher Hardware, sondern trägt auch zu den allgemeinen Energiesparbemühungen bei.

Allerdings gibt es auch einige Schwierigkeiten. Da Licht Objekte wie Wände nicht durchdringen kann, besteht eine der größten Herausforderungen darin, dass die Kommunikation auf Sichtweite erfolgen muss. Diese Einschränkung macht den Einsatz zahlreicher Lichtquellen erforderlich.

Trotz dieser Schwierigkeiten sieht die Zukunft vielversprechend aus. Vielversprechende Anwendungen gehen über Büros und Wohnungen hinaus und umfassen die Weltraumforschung, Unterwasserkommunikation und industrielle Automatisierung.

LORAWAN

Wann haben Sie das letzte Mal eine SMS geschrieben? Bei mir ist es schon eine ganze Weile her, dass ich diese sichere und einfache Kommunikationsmöglichkeit genutzt habe. Angesichts der omnipräsenten Messenger Dienste hat man mögliche Alternativen kaum vor Augen. So ist es auch mit dem sogenannten LoRaWAN, Long Range Wide Area Network oder frei übersetzt: Langstreckenfunknetzwerk.

Das LoRaWAN ist auch auf den zweiten Blick nichts für Privatanwender, wenn man mal von technikverrückten Nerds absieht. Seine Vorteile entfaltet dieses Netzwerk in der Industrie, der öffentlichen Verwaltung oder auch in Smart City Projekten. Die Kernelemente von LoRa Netzwerken sind Sensoren, die bestimmte Daten sammeln. Diese werden dann über Gateways an zentrale Datenbanken mit Analysefunktionen geliefert. Dabei werden Reichweiten in der Stadt bis zu 2 Kilometer und auf dem freien Land bis zu 10 Kilometer erzielt, gleichzeitig kann das Funksignal auch mehrere Betonwände durchdringen. Wir kennen alle das Problem mit dem heimischen W-LAN Netzwerk, bei der ersten Wand ist meistens Schluss mit der Datenübertragung. LoRaWAN funkt dagegen im Niedrigfrequenzbereich und kann damit auch unter der Erde oder in Kellerräumen eingesetzt werden.

Neben der hohen Reichweite hat das Netzwerk noch weitere Vorteile: So sind die Energieaufwände der Sensoren so gering, dass die Batterien häufig mehrere Jahre nicht gewechselt werden müssen.

Da das LoRaWAN gleichzeitig im lizenzfreien Frequenzbereich funkt, entstehen keinerlei zusätzliche Betriebskosten für die Betreiber. Auch die Sicherheit ist für industrielle Anwendungen gegeben, da die Daten Ende-zu-Ende nach einem hohen Standard verschlüsselt werden.

Und wozu benötigt man LoRaWAN? Zum Beispiel kann diese Technologie sehr gut zum Messen des CO2-Gehaltes der Luft in Räumen, der Temperatur oder der Luftfeuchtigkeit verwendet werden. Einige Städte nutzen schon LoRaWAN für ein intelligentes Parkraummanagement. So können sehr genau freie Parkplätze über eine App angezeigt werden, wenn jeder öffentliche Parkplatz mit einem Sensor ausgestattet ist. Im Gebäudemanagement kann das Funknetzwerk für intelligentes Heizen durch smarte Thermostate oder automatische Türschließungen verwendet werden. Die Müllabfuhr könnte beispielsweise bedarfsgerecht die Container leeren, wenn sie mit Füllstandssensoren ausgestattet wären.

Alles Gründe dafür, dass sich LoRaWAN mehr und mehr etabliert und in Zeiten des Energiesparens möglichst überall genutzt wird.

LOW CODE

Die Ernährungsbewussten werden jetzt aufhorchen, es geht um Low. Allerdings nicht um Low Carb, der Ernährung mit möglichst wenig Kohlenhydraten, sondern um Low Code, was fast das Gleiche bei Softwarelösungen ist. Was die Kohlenhydrate bei der Ernährung, sind die Codes bei der Softwareentwicklung.

Den Code für eine Applikation oder App komplett neu zu schreiben, kostet sehr viel Zeit und erfordert spezielles Wissen. Es gibt verschiedene Plattformen mit sogenannten Modul-Baukästen, die bedarfsgerecht zusammen „geklickt" werden können. Damit wird nicht nur die Zeit zur Entwicklung von Softwarelösungen stark reduziert, sondern können auch IT-Mitarbeiter mit wenig Programmiererfahrung schnell geeignete Apps erstellen.

Dabei bezieht sich die wenige Erfahrung nur auf das Programmieren. Denn gegebenenfalls haben diese Mitarbeiter sehr viel inhaltliche Erfahrung und Wissen für die zu entwickelnden Programme und können sich so sehr gut einbringen. Nichts ist schlimmer als eine App oder Softwareprogramm, bei dem der Programmierer wenig fachliches Wissen über die Inhalte mitbringt.

Ein weiterer Aspekt in Zeiten des Fachkräftemangels wird ersichtlich, bieten doch die verschiedenen Anbieterplattformen von Low Code die Möglichkeit, die Schnittstellen- oder gesamte Programmierung zum Anwender zu verlagern. Low Code Entwicklungen erleben derzeit einen enormen Auftrieb, Schätzungen zufolge werden schon 2025 ca. 70 Prozent aller Softwareprojekte mithilfe von Low Code Anwendungen erstellt werden.

Zum Vergleich: Im Jahr 2020 waren es gerade mal 23Prozent. Aber natürlich hat diese Form der Softwareentwicklung auch seine Grenzen. Wenn es zu spezifisch wird oder die Module nicht ausreichen, die Software komplett fertig zu stellen, können Projekte schnell scheitern. Es gibt auch diverse Möglichkeiten für Privatnutzer, sich die langersehnte App relativ einfach selbst zu erstellen.

Probieren Sie es mal aus, wenn Sie Spaß daran haben. Neben vielen Entwicklungsplattformen bieten auch die großen Betriebssystemanbieter großartige Möglichkeiten, sich kleine Programme oder Apps selbst zu erstellen. Bei manchen Herstellern genügt es sogar, ein PDF-Formular einzuscannen und als Grundlage für die Neuentwicklung zu nutzen. Aber Vorsicht, wenn Sie die selbst erstellte App auch kommerziell nutzen wollen. Die Lizenzvereinbarungen sind sehr unterschiedlich und können beispielsweise auch Gebühren auf der Basis von Nutzerzahlen beinhalten.

MACHINE LEARNING

Machine Learning, im Deutschen maschinelles Lernen, ist in aller Munde. Die Technologie hat sich in den vergangenen Jahren zu einem wahren Trend entwickelt, der nicht nur in der IT-Branche eingesetzt wird. Aber was genau ist Machine Learning und wie funktioniert es?

Machine Learning ist ein Teilgebiet der künstlichen Intelligenz, kurz KI, die es Computern ermöglicht, aus Erfahrungen zu lernen, ohne explizit programmiert zu werden. Die IT-Systeme sind in der Lage, durch das Erkennen von Mustern in vorliegenden Daten, eigenständig Lösungen und Vorhersagen treffen zu können. Bevor eine solche Software eigenständig lernen kann, ist Handeln von Menschen notwendig. Dabei geht es zum Beispiel um die vorherige Versorgung mit relevanten Daten und Algorithmen.

Es gibt im Wesentlichen drei unterschiedliche Arten: Reinforcement Learning, Supervised und Unsupervised Learning.

Das Reinforcement Learning basiert auf einer Art Belohnungssystem. Das System lernt, auf Basis von Erfolgserlebnissen und Bestrafungen, Entscheidungen zu treffen. Wie das Trainieren eines Roboters, der lernt, Hindernisse zu umfahren.

Beim Supervised Learning werden dem Computer Daten mit bekannten Ergebnissen zur Verfügung gestellt. Der Computer, der die Daten analysiert, lernt aus diesen Erfahrungen Vorhersagen zu treffen. Ein typisches Beispiel ist die Klassifizierung von E-Mails als Spam.

Beim Unsupervised Learning hingegen werden dem Computer Daten ohne bekannte Ergebnisse zur Verfügung gestellt. Dieser soll dann Muster in den Daten erkennen und diese gruppieren. Hierzu zählt beispielsweise die Segmentierung von Kunden auf Basis ihres Kaufverhaltens.

Machine Learning hat viele Anwendungen und wird in den nächsten Jahren noch weiter an Bedeutung gewinnen. So sind die Bild- und Spracherkennung und die Optimierung von Geschäftsprozessen heute schon gängige Anwendungen. In der Medizin wird Machine Learning eingesetzt, um auf Basis von Patientendaten Diagnosen zu stellen und Therapien zu empfehlen.

In der Finanzbranche hilft es, um Vorhersagen über die Aktienkurse zu geben oder Betrugsfälle aufzudecken. Aber die wohl bekanntesten Beispiele dürften die Empfehlungssysteme von Webseiten, wie Amazon oder Netflix, sein.

So herausragend das Tool ist, stellt sich auch hier, wie bei Chat GPT, die Frage der Verantwortlichkeiten.

Insgesamt bietet Machine Learning viele Chancen und daher ist eines sicher: Es wird uns noch lange begleiten und dabei helfen, komplexe Problemstellungen zu lösen.

MEMES

Der Begriff Meme ist aus dem Griechischen übernommen von „mímos“ und „mimoúmai“ und bedeutet so viel wie „imitieren“ und „nachahmen“. Die Bezeichnung „Meme“, wie wir sie verwenden, kommt aus dem Englischen und wird Miem ausgesprochen.

Memes haben das Internet im Sturm erobert. Von dem ikonischen Mittwoch Meme bis hin zum neueren „Andrea Wausebein“ in Erfurt – Memes sind zu einer beliebten Möglichkeit geworden, sich online auszudrücken und andere zu begeistern. Im Kern sind Memes einfach kulturelle Informationen, die von Person zu Person weitergegeben werden. Sie können in Form von Bildern, Videos oder Texten vorliegen und enthalten sehr oft Humor oder Satire. Dabei geht es in erster Linie darum, dem Internetuser eine schnell erfassbare Botschaft oder Information zu liefern, die als so unterhaltsam erachtet wird, dass sie weiterverbreitet wird oder als Referenz für mehr Kreation dient.

Memes können unglaublich schnell viral gehen und können eine Vielzahl von Themen ansprechen, von aktuellen Ereignissen bis hin zu Popkultur und allem dazwischen. Durch das Potenzial zur viralen Verbreitung ist das Meme auch von großer Bedeutung im Onlinemarketing und da besonders für den Bereich des Social-Media-Marketing. Eine Marketingkampagne wird natürlich nicht nur allein auf Memes aufgebaut, allerdings können sie dabei helfen, das Storytelling der Kampagne zu unterstützen.

Einer der Gründe, warum Memes so beliebt sind, ist ihre Vielseitigkeit und ihre Fähigkeit, komplexe Ideen auf eine leicht verdauliche und unterhaltsame Art und Weise zu vermitteln.

Durch das Teilen von Memes können Menschen ihre Meinungen zu verschiedenen Themen ausdrücken und sich mit anderen Menschen in der Online-Gemeinschaft verbinden. Allerdings können sie auch eine dunkle Seite haben. Einige Memes können beleidigend, abwertend oder sogar gefährlich sein. Es ist wichtig, darauf zu achten, welche von ihnen geteilt werden und wie sie interpretiert werden können.

Eine kleine anonyme Gruppe aus Erfurt hat sich dem Trend auch angeschlossen und ist jetzt schon ein kleiner Internet-Star. Fast täglich postet der Instagram Account „puffbohnen_memes“ unter dem Decknamen „Andrea Wausebein“ Videos und Fotos über alles, was gerade in Erfurt so passiert. Vom Fußball, über die Buga oder Produkte wie der BORN-Senf – auf dem Kanal wird alles zum Meme und es kommt gut an. Die Schöpfer der Puffbohnen-Memes wollen die Vor- und Nachteile von Erfurt aufzeigen – werfen Sie doch mal einen Blick auf den Account.

MESSENGER

Messenger-Dienste haben die Art und Weise, wie wir kommunizieren, revolutioniert. Sie bieten eine schnelle, effiziente und bequeme Möglichkeit, Nachrichten, Bilder, Videos und sogar Sprach- und Videoanrufe zu senden.

Die Popularität von Messenger-Diensten ist in den letzten Jahren exponentiell gestiegen. Dienste wie WhatsApp, Facebook Messenger, Signal und Telegram haben Millionen von Nutzern auf der ganzen Welt und sind zu einem integralen Bestandteil unseres täglichen Lebens geworden.

Ein wesentlicher Vorteil von Messenger-Diensten ist ihre Fähigkeit, Echtzeitkommunikation zu ermöglichen. Dies ist besonders nützlich in einer globalisierten Welt, in der Menschen oft über große Entfernungen hinweg kommunizieren müssen. Mit Messenger-Diensten können Nutzer sofortige Antworten erhalten, unabhängig davon, wo sie sich befinden.

Darüber hinaus bieten Messenger-Dienste eine Reihe von Funktionen, die über die einfache Textkommunikation hinausgehen. Dazu gehören die Möglichkeit, Dateien und Dokumente zu senden, Sprach- und Videoanrufe zu tätigen, Gruppenchats zu erstellen und sogar Spiele zu spielen. Darüber hinaus können Messenger-Dienste auch zur Verbesserung der Kundenbetreuung beitragen. Unternehmen können Messenger-Dienste nutzen, um einen direkten Kommunikationskanal mit ihren Kunden zu schaffen, was zu einer verbesserten Kundenzufriedenheit führen kann.

Ein weiterer Vorteil von Messenger-Diensten ist die Möglichkeit, Bots und automatisierte Antworten zu integrieren. Dies kann dazu beitragen, die Effizienz zu steigern und den Nutzern schnelle Antworten auf häufig gestellte Fragen zu liefern. Sie ermöglichen es den Nutzern, schnell und effizient zu kommunizieren, was zu einer verbesserten Zusammenarbeit und Produktivität führen kann. Dies ist besonders nützlich in der Arbeitswelt, wo Teams oft über verschiedene Standorte verteilt sind und eine effiziente Kommunikation entscheidend ist.

Trotz der vielen Vorteile von Messenger-Diensten gibt es auch Herausforderungen. Dazu gehören Fragen der Datensicherheit und des Datenschutzes, die Notwendigkeit, die digitale Infrastruktur zu verbessern, und die Notwendigkeit, sicherzustellen, dass alle Bürger Zugang zu digitalen Kommunikationsdiensten haben. Es ist wichtig, diese Herausforderungen anzugehen, um das volle Potenzial von Messenger-Diensten auszuschöpfen.

Das Metaverse, ein Begriff, der ursprünglich aus der Science-Fiction-Literatur stammt, hat in den letzten Jahren immer mehr an Bedeutung gewonnen. Es bezeichnet eine virtuelle Realität, in der Menschen als Avatare in einer digitalen Welt interagieren können.

Die Idee des Metaverse ist nicht neu, aber die technologischen Fortschritte der letzten Jahre haben die Vision einer vollständig immersiven, interaktiven digitalen Welt in greifbare Nähe gerückt. Mit der Entwicklung von Virtual Reality, Augmented Reality und Künstlicher Intelligenz sind wir näher denn je an der Verwirklichung dieser Vision.

Das Metaverse bietet eine Fülle von Möglichkeiten. Es könnte eine neue Ära der Kommunikation einläuten, in der Menschen aus der ganzen Welt in Echtzeit und in einer immersiven Umgebung interagieren können. Es könnte auch neue Formen der Unterhaltung ermöglichen, von immersiven Videospielen bis hin zu virtuellen Konzerten und Events.

Aber das Metaverse wirft auch Fragen auf. Wie wird es reguliert? Wie wird die Privatsphäre geschützt? Und wie wird sichergestellt, dass es für alle zugänglich ist, nicht nur für diejenigen mit den neuesten technologischen Geräten?

Das Metaverse ist mehr als nur eine technologische Neuerung. Es ist eine Vision für die Zukunft der digitalen Interaktion, die das Potenzial hat, unsere Art zu kommunizieren, zu arbeiten und zu spielen grundlegend zu verändern. Es ist ein aufregender, aber auch herausfordernder Schritt in die Zukunft der Digitalisierung.

Wie bei jeder technologischen Innovation wird es wichtig sein, diese Fragen sorgfältig zu betrachten und sicherzustellen, dass das Metaverse auf eine Weise entwickelt wird, die sowohl innovativ als auch ethisch ist. Denn letztendlich sollte das Ziel des Metaverse sein, eine digitale Welt zu schaffen, die für alle zugänglich, sicher und bereichernd ist.

Die Diskussion um das Metaverse ist ein Spiegelbild unserer Zeit, in der die Grenzen zwischen der physischen und der digitalen Welt immer mehr verschwimmen. Es ist ein faszinierendes Konzept, das uns dazu zwingt, über die Zukunft der Technologie und ihre Auswirkungen auf unser Leben nachzudenken.

In einer Welt, in der immer mehr unserer Interaktionen online stattfinden, bietet das Metaverse die Möglichkeit, diese Erfahrungen zu bereichern und zu erweitern. Es bietet die Möglichkeit, neue Welten zu erkunden, neue Menschen zu treffen und neue Erfahrungen zu machen, die in der physischen Welt nicht möglich wären.

Aber es stellt uns auch vor Herausforderungen. Wie stellen wir sicher, dass das Metaverse für alle zugänglich ist? Wie schützen wir die Privatsphäre der Menschen in einer Welt, in der immer mehr unserer Interaktionen digital sind? Und wie stellen wir sicher, dass das Metaverse ein Ort ist, der für alle sicher und einladend ist?

MIKROBLOGGING-DIENST

Die Einführung von Mikroblogging-Diensten hat die Art und Weise, wie wir in der heutigen schnelllebigen digitalen Welt Informationen austauschen und kommunizieren, grundlegend verändert. Ähnlich einer SMS, können Menschen ihre Ideen, Meinungen und Erfahrungen in nur wenigen Klicks mit einem großen Publikum teilen.

Der bedeutende Unterschied zu „normalen" Blogs besteht darin, dass die Leser und Autoren in Echtzeit im direkten Kontakt zueinanderstehen. Der virtuelle Marktplatz, auf dem Ideen ausgetauscht, Verbindungen geknüpft und Unterhaltungen angeregt werden, hat sich durch Mikroblogging-Plattformen enorm verändert.

Twitter, welches die Online-Debatte am stärksten verändert hat, steht an der Spitze dieses Trends. Twitters Zeichenbegrenzung bei der kostenlosen Nutzung auf 280 Zeichen fördert die Prägnanz und Kürze und ermutigt die Nutzer, ihre Gedanken auf das Wesentliche zu reduzieren. Diese Beschränkung hat sich als Stärke erwiesen, da sie es den Nutzern ermöglicht, kurze Informationen, aktuelle Nachrichten und persönliche Anekdoten schnell zu verbreiten.

Die Nutzung von Mikroblogging steht jedem offen, der über ein Gerät und eine Internetverbindung verfügt. Dadurch werden geografische, sprachliche und soziale Grenzen aufgehoben.

Die Inhalte von Mikroblogging-Diensten haben sich zu alternativen Quellen für Nachrichten entwickelt, da die Nutzer unzensierte Gedanken zu aktuellen Ereignissen verbreiten können.

Mikroblogging hat auch die Entwicklung des Bürgerjournalismus gefördert. Smartphones ermöglichen es normalen

Menschen, Filme, Bilder und Augenzeugenberichte aufzuzeichnen und zu teilen, wodurch sie zu Reportern vor Ort werden. Selbst Wissenschaftler werten diese Nachrichten aus, um beispielsweise die Entwicklung des Weltklimas zu untersuchen.

Die Beschränkung auf wenige Zeichen bei den Diensten kann allerdings zu oberflächlichen Debatten und einer zu starken Vereinfachung komplizierter Themen führen. Gerüchte und falsche Informationen können sich schnell verbreiten, was zu einer viralen Publikation von ungenauen oder irreführenden Informationen führen kann.

Außerdem kann die Schnelligkeit der Verbreitung von Nachrichten zu voreiligen Urteilen und unüberlegten Reaktionen verleiten.

Die Mikroblogging-Dienste werden ein wichtiges Instrument für den digitalen Wandel bleiben. Der Umgang mitdiesen Diensten gehört zur Grundausstattung digitaler Kompetenz und sollte, wie andere digitale Themen auch, schon früh im Unterricht gelehrt werden.

MOCKUP

Bei einem Mockup handelt es sich um ein digitales Vorführmodell, das als konzeptuelles Hilfsmittel und in manchen Fällen zu Testzwecken eingesetzt wird. Durch das Mockup wird das Design von neuen Produkten oder Features getestet, wodurch es vor allem in der frühen Entwicklungsphase Anwendung findet.

Es ist eine visuelle Darstellung von etwas, was unter Umständen schwer vorstellbar ist. Häufig entspricht es dann, auf Grund der fertigen Struktur und den detaillierten Design-Elementen, dem vollständigen Design des darzustellenden Produkts. Besonders für Kunden ist das von großem Vorteil, da ihnen so Ideen, Konzepte und Designelemente besser vermittelt werden können. Aber auch für den Designer ist es wichtig, damit er sieht, wie das zukünftige Produkt aussieht. Mockups dienen dazu, Anforderungen und Vorstellungen an die Benutzeroberfläche bezogen auf Grundfunktionen, Architektur und Design mit Kunden abzustimmen - häufig wird aufgrund des Mockups über die endgültige Auftragsvergabe entschieden.

Basis für die Mockups sind häufig händisch gezeichnete Skizzen oder Wireframes. Häufig entsprechen diese schon dem „Look and Feel" des fertigen Webdesign mit den Farben, Grafikelementen und Bildern. In kleineren Projekten kommen Mockups kaum zum Einsatz, da Templates hier direkt erstellt werden und je nach Wunsch angepasst werden.

Ein Mockup sollte gut durchdacht sein, da es dann in der Regel nur noch ein kleiner Schritt zum fertigen Webdesign und als Vorlage für die Programmierung verwendet werden kann. Mehrteilige und umfassende Mockups können auch die Basis für Prototypen darstellen. Durch sie können vor der

Erstellung des Prototyps eventuell auftretende Probleme ersichtlich gemacht werden und das Risiko für eine vollständige Überarbeitung des Konzeptes deutlich gesenkt. Mockups können somit innerhalb des Online-Projektes zu Zeit- und Kostenersparnissen beitragen.

Prototyp und Mockup werden in der Praxis oft synonym verwendet, obwohl es sich dabei um zwei eigenständige konzeptuelle Hilfsmittel handelt. Bezeichnet werden mit den Begriffen zwei unterschiedliche Stufen von Entwurfsdarstellungen im Rahmen der Entwicklungsphase vor der tatsächlichen Programmierung.

Mit der Erstellung eines Mockups verschafft man sich einen Blick in die Zukunft, es ist also generell essenziel, um sich ein vollständiges Webdesign vorstellen zu können – mit ihm kann ein aussagekräftiges Feedback zur Illustration der Website eingeholt werden.

NEO BROKER

Neo-Broker sind eine neue Generation von Online-Brokern, die den Handel mit Aktien und anderen Finanzinstrumenten für eine breitere Öffentlichkeit zugänglich machen. Sie nutzen moderne Technologien, um eine benutzerfreundliche Plattform zu bieten, die oft geringere Gebühren als traditionelle Broker hat.

Neo-Broker haben das Potenzial, die Finanzlandschaft zu verändern, indem sie den Zugang zu Anlageprodukten demokratisieren. Sie ermöglichen es Einzelpersonen, ohne großen Aufwand oder hohe Kosten in Aktien, ETFs und andere Anlageprodukte zu investieren. Dies ist ein bedeutender Schritt in Richtung finanzieller Inklusion und könnte dazu beitragen, die Kluft zwischen denjenigen, die Zugang zu Anlageprodukten haben, und denjenigen, die dies nicht tun, zu verringern.

Ein weiterer Vorteil von Neo-Brokern ist ihre Benutzerfreundlichkeit. Viele bieten intuitive Plattformen und Apps, die es einfach machen, Geschäfte zu tätigen und Portfolios zu verwalten. Dies kann besonders attraktiv für jüngere oder weniger erfahrene Anleger sein, die vielleicht von traditionellen Brokerage-Plattformen eingeschüchtert sind.

Darüber hinaus bieten viele Neo-Broker zusätzliche Dienstleistungen an, wie z.B. automatisierte Anlagestrategien und Bildungsressourcen. Diese können Anlegern helfen, informierte Entscheidungen zu treffen und ihre Anlageziele zu erreichen.

Trotz ihrer Vorteile sind Neo-Broker nicht ohne Kritik. Einige Bedenken betreffen die Sicherheit und Regulierung dieser Plattformen. Da sie oft weniger reguliert sind als traditionelle Broker, könnten sie anfälliger für Betrug oder Missbrauch sein. Es ist daher wichtig, dass Anleger ihre Due Diligence durchführen und sicherstellen, dass sie einen seriösen Neo-Broker wählen.

Insgesamt sind Neo-Broker ein spannendes und vielversprechendes Feld in der Finanzwelt. Sie haben das Potenzial, den Zugang zu Anlageprodukten zu demokratisieren und könnten dazu beitragen, eine gerechtere und inklusivere Finanzlandschaft zu schaffen. Es bleibt abzuwarten, wie sie sich weiterentwickeln werden und welche Auswirkungen sie auf die Finanzlandschaft haben werden. Es ist klar, dass wir uns in einer spannenden Phase der finanziellen Innovation befinden, und Neo-Broker spielen dabei eine Schlüsselrolle. Es ist eine spannende Zeit, in der wir Zeugen der Gestaltung unserer finanziellen Zukunft sind. Es ist klar, dass Neo-Broker eine Schlüsselrolle in dieser Zukunft spielen werden.

Die Arbeitswelt verändert sich rasant. Die traditionellen Arbeitsmodelle, die auf starren Strukturen und festen Arbeitszeiten basieren, werden durch flexible und dynamische Modelle ersetzt. Dieser Wandel wird durch den Begriff "New Work" eingefangen.

New Work ist mehr als nur Homeoffice oder flexible Arbeitszeiten. Es geht darum, Arbeit neu zu denken und zu gestalten. Es geht um Selbstbestimmung, Sinnhaftigkeit und Freiheit in der Arbeit. Es geht darum, die individuellen Stärken und Talente der Mitarbeiter zu fördern und zu nutzen.

Die Digitalisierung spielt eine entscheidende Rolle bei der Umsetzung von New Work. Sie ermöglicht es uns, unabhängig von Ort und Zeit zu arbeiten. Sie ermöglicht es uns, effizienter und produktiver zu arbeiten. Cloud-basierte Tools und Plattformen ermöglichen es uns, unabhängig von Ort und Zeit zu arbeiten. Sie ermöglichen eine bessere Zusammenarbeit und Kommunikation innerhalb des Teams, auch wenn die Teammitglieder an verschiedenen Orten arbeiten. Aber wir werden auch vor neue Herausforderungen gestellt. Wie schaffen wir es, trotz der räumlichen Distanz ein starkes Teamgefühl zu erhalten? Wie schaffen wir es, trotz der ständigen Erreichbarkeit eine gute Work-Life-Balance zu halten?

New Work erfordert eine Veränderung der Unternehmenskultur. Es geht nicht nur darum, neue Tools und Technologien einzuführen, sondern auch darum, eine Kultur der Offenheit, des Vertrauens und der Zusammenarbeit zu schaffen. Es geht darum, eine Kultur zu schaffen, in der Fehler als Lernmöglichkeiten gesehen werden und in der Vielfalt und Inklusion gefördert werden.

Unter anderem erfordert New Work auch eine neue Führungskultur. Weg von Kontrolle und Hierarchie, hin zu Vertrauen und Eigenverantwortung. Führungskräfte sind nicht mehr nur Vorgesetzte, sondern Coaches und Mentoren. Sie unterstützen ihre Mitarbeiter dabei, ihre Potenziale zu entfalten und ihre Ziele zu erreichen.

New Work ist eine Chance, aber auch eine Herausforderung. Es erfordert Mut, alte Gewohnheiten zu hinterfragen und neue Wege zu gehen. Aber es lohnt sich. Denn New Work kann dazu beitragen, dass Arbeit nicht mehr nur als notwendiges Übel, sondern als etwas Positives und Erfüllendes wahrgenommen wird.

New Work ist nicht nur ein Trend, sondern eine Notwendigkeit. In einer Welt, die sich ständig verändert, müssen auch unsere Arbeitsmodelle flexibel und anpassungsfähig sein. New Work bietet die Möglichkeit, Arbeit sinnvoller und erfüllender zu gestalten. Es bietet die Möglichkeit, eine bessere Work-Life-Balance zu erreichen und gleichzeitig produktiver und kreativer zu sein.

NFC

NFC wurde bereits im Jahr 2002 entwickelt, aber erst neun Jahre später gelingt der große Durchbruch. Mittlerweile ist fast jedes Smartphone mit NFC-Funktion ausgestattet.

NFC ist die Abkürzung für Near Field Communication, auf deutsch Nahfeldkommunikation und definiert den elektronischen Datenaustausch über kürzeste Distanzen. Der Datenaustausch basiert auf RFID-Technik, wobei die Frequenz auf 13,56 Hz beschränkt ist – die Frequenz, mit der auch Smartphones arbeiten. Wie die Bezeichnung bereits andeutet, kommt es bei dem Vorgang vor allem drauf an, dass sich die benötigten Geräte dicht beieinander befinden. Gleichzeitig stellt dies den größten Vorteil dar: NFC ist sehr sicher gegen das Abhören von außen. Ein Ausspähen der Daten ist nur in einem Abstand von 10 cm möglich.

Das größte Anwendungsgebiet von NFC ist das bargeldlose Bezahlen, auch bekannt als Mobile Payment. Da die NFC-Technik heutzutage auch in jeder Kredit- oder Bankkarte verarbeitet ist, kann kontaktlos, auch ohne PIN-Abfrage, bezahlt werden. Die Karte muss dabei nicht einmal mitgeführt werden, sondern kann direkt als Anwendung in einer App auf dem Handy integriert werden.

Viele Nutzer verwenden diese Funktion nicht, da sie sie entweder nicht kennen oder ihr nicht trauen. Insgesamt gehört NFC aber zu den sichersten Zahlmethoden, da es für Dritte fast unmöglich ist, an die Daten zu gelangen.

Die kontaktlose Bezahlung ist aber lange noch nicht alles, was durch NFC möglich ist. Häufig wird sie als Ergänzung zu Wlan oder Bluetooth genutzt, da die Kopplung schneller erfolgt. NFC fungiert dann als eine Art Schlüssel, der das Pairing oder die Eingabe des Wlan-Passwortes ersetzt. Übliche Konfigurations- oder Kompatibilitätsprobleme, wie sie so oft bei Bluetooth der Fall sind, entfallen gänzlich. Auch die Datenübertragung von Smartphone zu Laptop oder Tablet ist durch ein bloßes Aneinanderhalten möglich. Ein weiteres Anwendungsgebiet, was allerdings noch nicht so weit verbreitet ist, sind NFC-Tags in Werbeplakaten.

Durch die Verbindung mit einem Plakat, welches beispielsweise das nächste Konzert der Lieblingsband ankündigt, können Informationen wie Ticketpreis und Website erhalten werden. Die Eintrittskarte kann anschließend auch digital erworben werden – das Portemonnaie ist überflüssig. Die Funktechnik kann aber auch zum Beispiel als digitaler Schlüssel im Smart Home zum Einsatz kommen.

Bestehende Anwendungen werden durch NFC schneller, effizienter und einfacher – was sollte da dagegensprechen?

NON-FUNGIBLE TOKEN (NFT)

Non-Fungible Tokens, kurz auch NFTs genannt, sind in aller Munde. Sie haben die Art und Weise, wie wir digitale Güter betrachten und besitzen, revolutioniert. Die ersten NFTs wurden auf der Ethereum-Blockchain erstellt, einer Plattform, die für ihre Smart-Contract-Funktionalität bekannt ist. Im Jahr 2017 wurde ein Projekt namens CryptoPunks gestartet, das als eines der ersten NFT-Projekte gilt. CryptoPunks bestand aus 10.000 einzigartigen digitalen Charakteren, die als NFTs auf der Ethereum-Blockchain erstellt wurden.

Aber der wahre Durchbruch für NFTs kam mit der Einführung von CryptoKitties Ende 2017. CryptoKitties sind digitale Katzen, die als NFTs auf der Ethereum-Blockchain erstellt werden. Jeder CryptoKitty ist einzigartig und kann gekauft, verkauft und gezüchtet werden. Das Spiel wurde schnell populär und brachte das Konzept der NFTs in den Mainstream.

Aber was sind NFTs genau und warum sind sie so wichtig?

NFTs sind einzigartige digitale Vermögenswerte, die auf der Blockchain gespeichert sind. Im Gegensatz zu Kryptowährungen wie Bitcoin, die fungibel und austauschbar sind, ist jeder NFT einzigartig und kann nicht durch einen anderen ersetzt werden. Dies macht sie ideal für die Darstellung von Einzelstücken wie Kunstwerken, Musikstücken oder sogar Immobilien.

Ein Hauptvorteil ist, dass sie Künstlern und Schöpfern ermöglichen, ihre Werke direkt zu verkaufen und an den zukünftigen Verkäufen zu verdienen. Dies hat das Potenzial, die Art und Weise, wie Künstler für ihre Arbeit bezahlt werden, grundlegend zu verändern. Ein weiterer interessanter Aspekt von NFTs ist ihre Fähigkeit, die Provenienz eines digitalen

Gutes zu verfolgen. Da jede Transaktion auf der Blockchain aufgezeichnet wird, können Käufer und Verkäufer den Besitz eines NFTs über seine gesamte Lebensdauer hinweg verfolgen. Dies kann besonders nützlich sein für Sammlerstücke, bei denen die Herkunft und der Besitz einen erheblichen Einfluss auf den Wert des Gegenstandes haben können.

Aber NFTs sind nicht ohne Kontroversen. Kritiker weisen auf die hohen Energiekosten der Blockchain-Technologie und die möglichen Auswirkungen auf das Klima hin. Außerdem gibt es Bedenken hinsichtlich des Potenzials für Spekulationen und Marktmanipulationen. Andere Kritiker weisen darauf hin, dass der NFT-Markt spekulativ ist und Ähnlichkeiten mit einer Blase aufweist.

Trotz dieser Herausforderungen sind NFTs ein spannendes neues Feld, das das Potenzial hat, die Art und Weise, wie wir digitale Güter besitzen und handeln, zu revolutionieren. Sie sind ein Beweis dafür, dass die Blockchain-Technologie weit über Kryptowährungen hinausgeht und das Potenzial hat, viele Aspekte unseres Lebens zu verändern. Es bleibt abzuwarten, wie sich der NFT-Markt entwickeln wird und welche Auswirkungen er auf verschiedene Branchen haben wird.

OMNICHANNEL

Omnichannel ist die Königsdisziplin im digitalen Einzelhandel. Der Aufstieg des Omnichannel-Ansatzes hat es Unternehmen ermöglicht, ihre Kunden auf eine völlig neue Methode zu erreichen und ihre Markenpräsenz zu stärken. Doch was genau bedeutet das und wie hat es die Art und Weise, wie wir einkaufen, beeinflusst?

Der Ansatz bezieht sich auf eine Geschäftsstrategie, die ein nahtloses, kanalübergreifendes Einkaufserlebnis ermöglicht, sei es online, offline oder mobil und viele Touchpoints zur Marke bietet. Statt die Kanäle isoliert zu betrachten, arbeiten sie zusammen, um den Kunden maximalen Komfort zu bieten und ihn an verschiedenen Punkten seiner Customer Journey zu erreichen. Das ist der entscheidende Unterschied zum oft gleich gesetzten „Multichannel", in welchem die Kanäle unabhängig voneinander arbeiten. Der Kunde kann beim Omnichannel beispielsweise online nach Produkten suchen, sie dann im Geschäft abholen und dabei gleichzeitig von personalisierten Angeboten profitieren. Zu den Services gehören aber beispielsweise auch Click-and-Collect und das Cross Docking.

Durch die Verknüpfung von Kanälen können die Unternehmen ihren Kunden maßgeschneiderte Empfehlungen und Angebote unterbreiten, die auf ihren individuellen Vorlieben und Kaufgewohnheiten basieren.

Der Omnichannel-Ansatz wird von nahezu jedem Unternehmen verwendet, denn desto einfacher die kanalübergreifenden Prozesse, umso zufriedener sind die Kunden und umso höher ist die Wahrscheinlichkeit eines Kaufabschlusses. Außerdem wollen die Zielgruppen in der heutigen Zeit sieben Tage die Woche rund um die Uhr offline, online oder über Stores mit dem Unternehmen in Verbindung treten können.

Durch die Integration der Geschäftsstrategie können Unternehmen außerdem ihren Kundenstamm erweitern und neue Märkte erschließen. Zudem können sie durch die effiziente Nutzung von Ressourcen und die Schaffung von Synergien zwischen verschiedenen Kanälen die Kosten senken. Die Lagerbestände und Bestellprozesse können besser verwaltet werden, was zu einer höheren Effizienz führt.

Durch die Digitalisierung wurde der Einzelhandel revolutioniert und der Omnichannel ermöglicht. Um die Vorteile voll ausschöpfen zu können und erfolgreich in der digitalen Ära zu sein, sind die korrekte Nutzung der Kanäle und Fokussierung auf die Kundenbedürfnisse entscheidend. Es bleibt spannend zu beobachten, wie sich der Ansatz weiterentwickeln wird und was für innovative Lösungen die Zukunft des Einzelhandels für uns bereithält.

ONLINEZUGANGSGESETZ

Das Onlinezugangsgesetz oder auch OZG ist ein bedeutender Schritt in Richtung Digitalisierung der öffentlichen Verwaltung in Deutschland. Es verpflichtet Bund, Länder und Kommunen, ihre Verwaltungsleistungen bis Ende 2022 auch elektronisch über Verwaltungsportale anzubieten. Das OZG ist ein Meilenstein auf dem Weg zu einer modernen, effizienten und bürgerfreundlichen Verwaltung. Es ermöglicht den Bürgern, Behördengänge online zu erledigen, wodurch Zeit und Aufwand gespart werden können. Darüber hinaus fördert es die Transparenz und Effizienz der Verwaltung, indem es den Zugang zu Informationen erleichtert und Prozesse optimiert.

Aber das OZG bringt auch Herausforderungen mit sich. Die Umsetzung erfordert erhebliche technische und organisatorische Anstrengungen. Zudem müssen Datenschutz und Datensicherheit gewährleistet sein, um das Vertrauen der Bürger in die digitale Verwaltung zu stärken. Trotz dieser Herausforderungen bietet das OZG große Chancen. Es kann dazu beitragen, die digitale Kluft zu überwinden und allen Bürgern den Zugang zu Verwaltungsdienstleistungen zu erleichtern. Darüber hinaus kann es als Katalysator für weitere Innovationen in der öffentlichen Verwaltung dienen.

Insgesamt ist das OZG ein wichtiger Schritt in Richtung einer digitalen Zukunft. Es zeigt, dass die öffentliche Verwaltung bereit ist, sich den Herausforderungen des digitalen Zeitalters zu stellen und die Vorteile der Digitalisierung zu nutzen.

Die Umsetzung des OZG ist ein laufender Prozess, der kontinuierliche Anstrengungen und Anpassungen erfordert. Es ist wichtig, dass wir aus unseren Erfahrungen lernen und bestrebt sind, die digitale Verwaltung ständig zu verbessern.

Nur so können wir sicherstellen, dass das OZG sein volles Potenzial entfaltet und einen echten Mehrwert für die Bürger bietet.

Es ist eine spannende Zeit für die digitale Transformation in Deutschland und das OZG ist ein entscheidender Teil davon. Mit der richtigen Umsetzung und dem Engagement aller Beteiligten kann es dazu beitragen, Deutschland an die Spitze der digitalen Verwaltung in Europa zu bringen.

Darüber hinaus hat das OZG das Potenzial, die Art und Weise, wie wir über öffentliche Dienstleistungen denken, grundlegend zu verändern. Es eröffnet neue Möglichkeiten für Bürgerbeteiligung und Transparenz und kann dazu beitragen, das Vertrauen in die öffentliche Verwaltung zu stärken. Es ist ein kraftvolles Werkzeug für den Wandel und ein Zeichen für das Engagement Deutschlands, eine führende Rolle in der digitalen Revolution zu spielen.

OPEN DATA

Open Data ist ein zentrales Konzept in der digitalen Welt, das sich auf die Idee bezieht, dass bestimmte Daten frei zugänglich sein sollten, um von jedermann genutzt und weiterverbreitet werden zu können. Es ist ein wichtiger Bestandteil der modernen Informationsgesellschaft und spielt eine entscheidende Rolle in Bereichen wie Wissenschaft, Regierungsführung und Wirtschaft.

Open Data kann als Katalysator für Innovation dienen, indem es neue Geschäftsmodelle, Dienstleistungen und Anwendungen ermöglicht. Es kann auch zur Verbesserung der Transparenz und Rechenschaftspflicht in der Regierungsführung beitragen und Bürgern die Möglichkeit geben, informierte Entscheidungen zu treffen.

Ein weiterer wichtiger Aspekt von Open Data ist die Förderung der wissenschaftlichen Forschung. Durch die Bereitstellung von Daten können Forscher auf eine größere Menge an Informationen zugreifen, was zu neuen Erkenntnissen und Fortschritten führen kann.

Trotz der vielen Vorteile von Open Data gibt es auch Herausforderungen. Dazu gehören Fragen des Datenschutzes, der Datensicherheit und der Datenqualität. Es ist wichtig, dass diese Herausforderungen angegangen werden, um das volle Potenzial von Open Data zu nutzen.

Zum Schutz unserer digitalen Identität sollten wir vorsichtig sein, welche Informationen wir online teilen, starke und einzigartige Passwörter verwenden und regelmäßig unsere Online-Konten überprüfen. Darüber hinaus sollten wir uns über die neuesten Sicherheitsbedrohungen informieren und sicherstellen, dass unsere Geräte und Anwendungen auf dem neuesten Stand sind.

Schließlich ist es wichtig zu erkennen, dass die digitale Identität auch ethische und rechtliche Fragen aufwirft. Fragen der Privatsphäre, des Datenschutzes und der Datensicherheit sind eng mit der digitalen Identität verbunden und erfordern sorgfältige Überlegungen und Maßnahmen.

Insgesamt ist die digitale Identität ein komplexes und vielschichtiges Konzept, das sowohl Chancen als auch Herausforderungen bietet. Es ist wichtig, dass wir uns ihrer Bedeutung bewusst sind und Maßnahmen ergreifen, um sie zu schützen und zu pflegen. Denn letztendlich ist unsere digitale Identität ein wesentlicher Teil dessen, wer wir sind und wie wir in der digitalen Welt agieren.

Auch die Demokratie wird in die virtuelle Welt verlagert. Open Government, zu deutsch „offene Regierung", ist ein Schlüsselelement dieser Transformation, bei der Transparenz, Bürgerbeteiligung und Zusammenarbeit in den Mittelpunkt gestellt werden.

Regierungen haben erkannt, dass sie die neuen Technologien der Digitalisierung nutzen können, um eine effizientere und transparentere Regierungsführung zu ermöglichen, ein grundlegender Aspekt dabei ist Open Data. Sie können auf ihren Websites eine Fülle von Informationen veröffentlichen aus verschiedenen Aspekten ihrer Arbeit. Das können Haushaltsdaten, Statistiken, Gerichtsurteile oder auch Gesetzestexte sein. Bürger können diese Informationen leicht online abrufen und prüfen, wie öffentliche Gelder verwendet werden. Durch die Möglichkeit, Regierungshandeln genau zu verfolgen, kann das Vertrauen der Bevölkerung und Unternehmen gestärkt werden.

Das Internet spielt eine entscheidende Rolle beim Aufbau von Open Government. Online-Plattformen und soziale Medien ermöglichen es, Informationen schnell zu verbreiten und mit den Bürgern in Echtzeit zu kommunizieren.

Es werden auch völlig neue Wege zur Bürgerbeteiligung eröffnet. Durch Online-Plattformen und soziale Medien wird es ermöglicht, sich in politische Diskussionen einzubringen, Petitionen zu starten und Feedback zu geben. So wird der Raum für politische Mitbestimmung weit über den traditionellen Wahltag hinauserweitert.

Ein Beispiel dafür ist die Bürgerbeteiligung an Gesetzgebungsprozessen. In einigen Ländern können Bürger online

Gesetzesvorschläge einreichen und darüber diskutieren. Dadurch wird es den Menschen ermöglicht, aktiv am Gesetzgebungsprozess teilzunehmen und sicherzustellen, dass ihre Anliegen gehört werden.

Allerdings sind Datenschutz und Cybersicherheit auch hier Herausforderungen, die sorgfältig angegangen werden müssen. Es muss sichergestellt werden, dass die Daten der Bürger geschützt sind und gleichzeitig Transparenz gewährleistet wird.

Open Government erfordert auch eine Veränderung der Denkweise. Regierungen müssen bereit sein, Macht und Informationen zu teilen und Bürger müssen aktiver am politischen Prozess teilnehmen. Es ist ein Paradigmenwechsel, der Zeit und Engagement erfordert.

Dennoch ist die Digitalisierung und Open Government eine Chance, die Demokratie zu stärken. Wenn sie erfolgreich umgesetzt wird, kann sie das Vertrauen der Bürger in die Politik stärken und die Demokratie neu belebt ins 21. Jahrhundert führen.

Open Source ist mehr als nur ein Konzept - es ist eine Bewegung, die die Art und Weise, wie wir Software entwickeln und nutzen, revolutioniert hat. Die Open-Source-Bewegung begann in den 1980er Jahren als Reaktion auf die proprietäre Softwareindustrie. Entwickler auf der ganzen Welt begannen, ihre Codebasis zu teilen und zusammenzuarbeiten, um Software zu erstellen, die frei zugänglich und modifizierbar ist. Dieser Ansatz steht im Gegensatz zu proprietärer Software, bei der der Quellcode geheim gehalten und die Modifikation durch Lizenzvereinbarungen eingeschränkt wird.

Open Source hat viele Vorteile. Es fördert die Zusammenarbeit, verbessert die Transparenz und ermöglicht es jedem, zur Verbesserung der Software beizutragen. Es hat auch dazu beigetragen, die Kosten für Softwareentwicklung zu senken und die Innovation zu beschleunigen. Aber Open Source ist nicht ohne Herausforderungen. Fragen der Sicherheit, des geistigen Eigentums und der Monetarisierung sind immer noch Gegenstand intensiver Debatten. Trotz dieser Herausforderungen hat Open Source jedoch einen tiefgreifenden Einfluss auf die Softwareindustrie und die digitale Welt im Allgemeinen gehabt.

Heute ist Open Source allgegenwärtig. Von Betriebssystemen wie Linux und Android bis hin zu Webbrowsern wie Firefox und Chrome - Open Source Software ist ein integraler Bestandteil unseres digitalen Lebens. Große Technologieunternehmen wie Google, Microsoft und IBM haben Open Source Strategien übernommen und tragen aktiv zur Open Source Community bei.

Die Open-Source-Bewegung hat uns gezeigt, dass Zusammenarbeit und Transparenz zu besseren Produkten führen können. Sie hat uns gelehrt, dass Wissen geteilt werden sollte, nicht monopolisiert. Und sie hat uns daran erinnert, dass die besten Lösungen oft aus der Gemeinschaft kommen, nicht aus dem Konferenzraum.

In einer Welt, die zunehmend digitalisiert und vernetzt ist, ist Open Source wichtiger denn je. Es ist ein Modell, das Zusammenarbeit fördert, Innovationen vorantreibt und die Macht von Gemeinschaften nutzt. Und während die Open-Source-Bewegung weiterwächst und sich entwickelt, können wir sicher sein, dass sie weiterhin die Art und Weise, wie wir Software entwickeln und nutzen, verändern wird.

Die Diskussion um Open Source ist ein Spiegelbild unserer Zeit, in der die Grenzen zwischen der physischen und der digitalen Welt immer mehr verschwimmen. Es ist ein faszinierendes Konzept, das uns dazu zwingt, über die Zukunft der Technologie und ihre Auswirkungen auf unser Leben nachzudenken.

Aber es stellt uns auch vor Herausforderungen. Wie stellen wir sicher, dass Open Source für alle zugänglich ist? Wie schützen wir die Privatsphäre der Menschen in einer Welt, in der immer mehr unserer Interaktionen digital sind? Und wie stellen wir sicher, dass Open Source ein Ort ist, der für alle sicher und einladend ist?

Diese Fragen sind nicht einfach zu beantworten, aber sie sind wichtig, wenn wir das volle Potenzial von Open Source ausschöpfen wollen. Denn letztendlich ist Open Source mehr als nur eine technologische Innovation - es ist eine Vision für die Zukunft der digitalen Interaktion.

PARALLAX SCROLLING

Die Digitalisierung hat eine Transformation der Online-Welt eingeleitet und Unternehmen suchen verstärkt nach innovativen Möglichkeiten, um ihre Online-Präsenz zu verbessern und Besucher zu fesseln. In diesem Zusammenhang hat sich das Parallax Scrolling als eine Technik etabliert, die nicht nur visuell beeindruckt, sondern auch die Möglichkeiten der zweidimensionalen Online-Welt erweitert.

Es ermöglicht, dass verschiedene Ebenen einer Webseite mit unterschiedlichen Geschwindigkeiten animiert werden, während der Benutzer durch die Seite scrollt. Dies schafft einen räumlichen Effekt, der den Inhalt plastischer und ansprechender macht. Durch die langsame Bewegung der Hintergrundebenen entsteht der Eindruck von Tiefe und Perspektive, was das visuelle Erlebnis für den Betrachter deutlich bereichert.

Allerdings liegt die Bedeutung nicht nur in der ästhetischen Wirkung, sondern auch in dem Potenzial, eine bessere Benutzererfahrung zu schaffen. Indem die Besucher aktiv durch den Inhalt navigieren, fühlen sie sich stärker eingebunden und können eine tiefere Verbindung zu der präsentierten Botschaft oder dem Angebot einer Webseite aufbauen. Es ermöglicht Unternehmen also ihre Inhalte auf eine neue Art und Weise zu präsentieren und Besucher auf einer emotionalen Ebene anzusprechen.

Ein gutes Beispiel findet sich auf der Webseite eines fiktiven Modelabels. Beim Scrollen durch die Seite entfaltet sich eine visuelle Reise, bei der der Hintergrund die Eindrücke einer Modenschau einfängt, während im Vordergrund die Kollektion präsentiert wird. Dieses Zusammenspiel von Bewegung und Inhalt schafft ein intensives Erlebnis, das den Besucher dazu einlädt, eine tiefere Verbindung zur Marke aufzubauen.

Die Integration von Parallax Scrolling in die digitale Strategie eines Unternehmens erfordert jedoch eine sorgfältige Planung und Umsetzung. Es ist wichtig, den Inhalt und die Gestaltung der Webseite gezielt auf den Effekt abzustimmen, um eine positive User Experience zu gewährleisten.

Das Parallax Scrolling bietet Unternehmen unzählige Möglichkeiten, um ihre Online-Präsenz zu optimieren und ihre Zielgruppe zu begeistern. Es stellt eine innovative und fesselnde Methode dar, um die Grenzen der zweidimensionalen Darstellung zu überwinden und eine dreidimensionale Erfahrung zu schaffen. Mit kreativer Gestaltung und strategischer Umsetzung kann es dazu beitragen, die digitale Landschaft aufzufrischen und die Beziehung zwischen Unternehmen und Kunden auf eine neue Ebene zu heben.

PHISHING

Das Leben ins Netz zu verlagern ist einerseits ausgesprochen komfortabel und praktisch, da man alles Nötige von zuhause aus erledigen kann. Andererseits steigt das Risiko, ein Opfer von Cyberkriminalität zu werden, je vernetzter man ist. Vielleicht haben Sie auch schon einmal eine E-Mail bekommen, mit eigenartigem Inhalt und einem bizarren Link, dem Sie folgen sollten. Allein im Jahr 2020 wurden über 240.000 dieser sogenannten Phishing-Mails gemeldet, ein enormer Anstieg im Vergleich zum Jahr davor.

Phishing ist die einfachste Art des Cyberangriffs, gleichzeitig die effektivste und gefährlichste. Es erfordert im Gegensatz zu anderen Online-Bedrohungen kein besonders ausgereiftes Knowhow.

Aber was genau ist Phishing und wie kann man sich davor schützen? Phishing ist der betrügerische Versuch, sich über gefälschte Webseiten, E-Mails oder Kurznachrichten als vertrauenswürdige Instanz auszugeben. Ziel ist es, dass die Opfer sensible Daten, wie Finanzinformationen oder Zugangsdaten, preisgeben oder sie zu einer schädlichen Aktion zu bewegen. Als Ergebnis werden die Opfer um Geld oder ihrer ganzen Identität beraubt. Es handelt sich hierbei um ein Beispiel für Social Engineering – verschiedene Methoden, um die menschliche Psyche zu manipulieren und die Gutgläubigkeit der Menschen auszunutzen.

Um so viele Menschen wie möglich in die Irre zu führen, nutzen die Angreifer bekannte Marken oder Banken. Diese erwecken beim Empfänger Vertrauen und erhöhen die Wahrscheinlichkeit, dass der Angriff zum Erfolg wird. Oft wird das Corporate Design dieser Institution nachgeahmt, es werden etwa dieselben Schriftarten, Logos und Layouts verwendet. Das Opfer wird dann auf eine gefälschte Seite weitergeleitet und aufgefordert, beispielsweise Login-Daten und Transaktionsnummern für sein Onlinebanking einzugeben.

Allein in Deutschland betragen die offiziellen volkswirtschaftlichen Schäden solcher Cyber-Delikte pro Jahr mindestens einen zweistelligen Millionenbetrag. Die Angriffe gelingen immer wieder trotz diverser Mitarbeiterschulungen und anderer Vorsichtsmaßnahmen.

Phishing-Mails vermitteln häufig ein starkes Gefühl von Dringlichkeit, indem man die Sperrung eines Accounts oder finanzielle Verluste androht. Durch diese vermeintliche Dringlichkeit reagieren manche Menschen sofort und vergessen ihr Vorwissen zum Thema Phishing. Die Folgen weniger Klicks bekommt man dann erst später zu spüren. Phishing stellt also eine enorme Bedrohung für Einzelpersonen und Unternehmen dar.

PICK & GO

Click & Collect, Scan & Go, Einkaufen in kassen- oder verkäuferlosen Geschäften oder die Online-Bestellung direkt nach Hause – das Einkaufserlebnis in den Märkten Deutschlands ändert sich. Mit all diesen Methoden werden Kunden neue Möglichkeiten gegeben, einfach, bequem und effizient einzukaufen. Die Supermarktkette Rewe ging im Sommer 2021 noch einen Schritt weiter und wagt sich an eine Kopie des Amazon Go-Konzepts in Köln heran. Nach der Testphase, wurde nun eine zweite, größere Filiale in der Hauptstadt eröffnet.

Die Kunden können zwischen dem herkömmlichen Einkaufen mit Bezahlung an der Kasse und einem Einkaufen mit autonomen Check-Out via App wählen. Was genau bedeutet das?

Kunden können ihren Einkauf bequem mit dem „Pick & Go"-Konzept tätigen. Konkret bedeutet das: Einkäufe können schnell und einfach ohne Bezahlvorgang vorgenommen werden. Pick & Go – Auswählen und Gehen.

Man könnte denken, man tut etwas unrechtes, wenn man die Ware einfach im Rucksack verstaut, aber jede Bewegung wird über hunderte Kameras und Sensoren verfolgt und registriert. Die Technik stammt vom israelischen Unternehmen Trigo und basiert auf Computer-Vision-Technologie in Zusammenarbeit mit handelsüblichen Sensoren.

Ein 3D-Modell des Supermarktes und des Kunden bildet dabei die physische Umgebung digital ab. Auch Gewichtssensoren unter den Waren helfen dabei, dass der Kunde den Laden verlassen kann, ohne in einer Schlange an der Kasse anzustehen. Die Installation überwacht gleichzeitig den Warenbestand und hebt dadurch auch die Effizienz bei Produktbestellungen und Lagerhaltung in der Filiale und liefert Datenmaterial zum Kundenverhalten.

Die Methodik ist dabei DSGVO, also Datenschutz-konform. Die Kameras speichern keine biometrischen Daten, wodurch das System Kunden beim nächsten Besuch nicht wiedererkennt. Das jeweilige 3D-Modell wird stattdessen bei jedem Besuch wieder mit dem Konto verbunden. Die Einkäufe werden nach Verlassen des Ladens automatisch über die Rewe-App beglichen und eine Reklamation bei Unstimmigkeiten ist in ersten 24 Stunden möglich.

Neu in der Filiale in der Schönhauser Allee 130 ist neben dem größeren Sortiment, dass Kunden zudem Obst und Gemüse abwiegen können und es automatisch dem Einkauf zugeordnet wird. Zusätzlich gibt es einen Pfandflaschenautomat, welcher den Betrag automatisch dem Kunden gutschreibt.

Mit dem „Pick & Go"-Konzept wird ein schnelleres und komfortableres Einkaufen möglich, mit welchem Rewe seine Vorreiterrolle im deutschen Lebensmitteleinzelhandel weiter ausbaut.

Durch das Konzept ist aber auch ein Kulturwandel nötig, denn die Kunden sind das Einkaufserlebnis anderes gewöhnt und müssen erst einmal auf das neue Modell geschult werden. Meiner Meinung nach wird es aber nicht mehr lange andauern, bis wir noch weitere Pick & Go Filialen in Deutschland begrüßen dürfen.

Predictive Maintenance, oder vorausschauende Instandhaltung, ist ein Ansatz, der mithilfe von Datenanalysen und maschinellem Lernen Vorhersagen über den Zustand von Maschinen und Anlagen trifft. Ziel ist es, Wartungsarbeiten zu optimieren und Ausfälle zu vermeiden, bevor sie auftreten.

Im Kern steht die Sammlung und Analyse von Betriebsdaten. Sensoren an Maschinen und Anlagen erfassen kontinuierlich Daten wie Temperatur, Druck, Vibrationen und andere Parameter. Diese Daten werden dann analysiert, um Muster und Trends zu erkennen, die auf potenzielle Probleme hinweisen könnten. Künstliche Intelligenz und das maschinelle Lernen spielen eine entscheidende Rolle bei Predictive Maintenance. KI-Modelle können komplexe Muster in den Betriebsdaten erkennen, die über die Fähigkeiten traditioneller statistischer Methoden hinausgehen. Diese Muster können verwendet werden, um das Verhalten von Maschinen und Anlagen zu verstehen und zukünftige Ausfälle vorherzusagen. Durch die Automatisierung der Datenerfassung und -analyse können Unternehmen kontinuierlich den Zustand ihrer Maschinen und Anlagen überwachen und sofort auf potenzielle Probleme reagieren. Dies kann dazu beitragen, ungeplante Ausfallzeiten zu minimieren und die Betriebseffizienz zu verbessern.

Die Vorteile von Predictive Maintenance sind vielfältig. Sie reichen von Kosteneinsparungen durch die Vermeidung ungeplanter Ausfälle und die Optimierung von Wartungsplänen bis hin zur Verbesserung der Betriebssicherheit und der Lebensdauer von Anlagen. Durch die regelmäßige Überwachung des Zustands von Maschinen und Anlagen und die Durchführung von Wartungsarbeiten, bevor Probleme auftreten, können Unternehmen die Lebensdauer ihrer Anlagen verlängern. Die ungeplanten Ausfallzeiten können zu Qualitätsproblemen führen. Durch die Vermeidung solcher Ausfallzeiten kann Predictive Maintenance dazu beitragen, die Qualität der produzierten Produkte zu verbessern.

Trotz der vielen Vorteile gibt es auch Herausforderungen. Dazu gehören Fragen der Datensicherheit, der Datenqualität und der Interpretation der Ergebnisse. Darüber hinaus erfordert die Implementierung von Predictive Maintenance eine erhebliche Investition in Technologie und Fachwissen.

Die Zukunft von Predictive Maintenance ist jedoch vielversprechend. Mit fortschreitender Technologie und wachsendem Verständnis ihrer Möglichkeiten und Grenzen könnte Predictive Maintenance die Art und Weise, wie wir Instandhaltung betreiben, grundlegend verändern.

Heute geht es um Ihre Daten, speziell die Daten, auf die potenziell auch die US-Regierung bzw. ihre dafür etablierten Nachrichtendienste zugreifen können.

Dies betrifft nicht nur die Übermittlung von Daten in die USA, sondern auch Daten, die von amerikanischen Unternehmen in Europa verarbeitet werden.

In Europa unterliegt der Schutz von personenbezogenen Daten seit 2018 der Datenschutzgrundverordnung (DSGVO). In Artikel 44 dieser Verordnung ist geregelt, dass Daten nur an Drittländer übermittelt werden dürfen, wenn dort ein angemessenes Schutzniveau aus Sicht der EU vorliegt. Wenn dies, wie beispielsweise in den USA nicht vorliegt, kann Artikel 45 greifen, in dem die EU-Kommission einen sogenannten Angemessenheitsbeschluss fasst. Dieser Beschluss ist 2016 nach bestimmten Zusagen der US-Regierung gefasst worden und mündete in dem EU-US Privacy Shield (Datenschutzschild) Abkommen.

Dieses Abkommen enthielt bestimmte Zusicherungen der US-Regierung und Selbstverpflichtungen amerikanischer Unternehmen zu Garantien und Beschränkungen für den Datenzugriff durch Behörden.

Da es aber immer noch verschiedene Fälle von Massenüberwachungen und insbesondere den Vorrang von US-Recht enthielt, gab es an dem Privacy Shield Abkommen von Anfang an massive Kritik. Der österreichische Jurist Maximilian Schremms klagte dagegen und brachte dieses Abkommen, genau wie die, bis 2015 geltende Vorgängerregelung mit dem sogenannten Schremms II Urteil des Europäischen Gerichtshofes 2020 zu Fall.

Im März dieses Jahres verkündete die Präsidentin der EU-Kommission Frau von der Leyen, dass man ein neues Abkommen mit den USA anstrebe. Gerade europäische Unternehmen gehen zurzeit ein hohes Risiko ein, wenn sie personenbezogene in die USA direkt oder indirekt übermitteln.

Auch US-Unternehmen können in Europa im Moment nur DSGVO konform Daten verarbeiten, wenn sie sicherstellen, auf die eigentlichen personenbezogenen Daten keinen Zugriff zu haben, weil sie zum Beispiel verschlüsselt sind.

Ansonsten würden sie gegen den derzeit gültigen Cloud-Act der US-Regierung verstoßen, der besagt, dass US-Nachrichtendienste auch auf Daten, die in anderen Ländern liegen zugreifen können.

Mit anderen Worten verstoßen US-Unternehmen im Moment entweder gegen EU- oder gegen US-Recht. Ein ziemliches Dilemma, was beide Seiten derzeit mit einem neuen Privacy Shield Abkommen versuchen zu lösen. Ein Erfolg ist angesichts des höchst unterschiedlichen Umgangs beiderseits des Atlantiks mit personenbezogenen Daten mehr als fraglich.

PROMPT WRITERS

Ob Veröffentlichungen, neue Produkte oder Prüfungen an Universitäten – die Künstliche Intelligenz (KI) ist seit Monaten allgegenwärtig. Es ist abzusehen, dass durch KI in den nächsten Jahren einige Berufe verschwinden werden, sie wird aber auch Raum für neue Berufe wie zum Beispiel den Prompt Writer schaffen.

Aber was genau sind Prompt Writers und warum ist die Nachfrage nach ihnen so stark gestiegen?

Befehle, die man an eine KI stellt, nennt man Prompts. Durch den immer größer werdenden Marktanteil von digitalen Sprachassistenten und Tools, die KI verwenden, wird der Bedarf an Personen, die solche Prompts entwickeln immer größer. Prompt Writer sind Personen, die Texte für Unternehmen oder andere Personen schreiben. Sie agieren dann wie eine Art Übersetzer zwischen Mensch und Maschine. Der Befehl wird vom Nutzer in normaler Sprache in das System eingegeben.

Einem Computer oder einer KI mangelt es (im Moment noch) an der Fähigkeit, diese Aussage selbstständig zu interpretieren und Empathie zu empfinden. Die Writer sorgen dafür, dass eine ganzheitliche Nutzererfahrung entstehen kann und der Computer so antwortet, dass es sich für uns anfühlt, als würden wir ein normales Gespräch führen.

Wenn man beispielsweise eine KI fragt „Wie wird das Wetter?“ muss man nicht genauer den Kontext erklären, weil die Writers wissen, dass du über das Wetter an deinem aktuellen Standort informiert werden möchtest und nicht über das Wetter in Peru. Sobald man dann eine weitere Frage stellt „Und morgen?“, wird es kniffliger. Wenn die Writers alles richtig gemacht haben, sollte die KI den Kontext der vorangegangenen Frage aber mit einbeziehen können und somit verstehen, dass man sich immer noch auf das Wetter am jeweiligen Standort bezieht. Umso verschachtelter die Befehle werden, umso schwieriger wird es für die KI jede Information und den Kontext herauszufiltern – die Writers sorgen dafür, dass die KI dieses Problem in wenigen Millisekunden lösen kann.

Das Ziel von Prompt Writers ist es also, die Systeme für uns so zu gestalten, dass wir mit ihnen angenehme und logische Gespräche führen können.

Dafür benötigt man Personen, die ein gutes sprachliches und technisches Verständnis haben, um die Muster möglichst allgemeingültig zu entwickeln und zu implementieren.

Die Zukunft der Writers ist vielversprechend und bietet lukrative Möglichkeiten für Quereinsteiger.

Wenn Sie wissen wollen, wie die Prompt Writers arbeiten, lesen Sie nächste Woche meine Kolumne!

PROMPT WRITER TEIL 2

In der letzten Woche habe ich bereits über die Prompt Writer geschrieben. Nochmal als kleine Auffrischung: Prompt Writer sind Personen, die Texte für Unternehmen oder andere Personen schreiben. Sie agieren als Übersetzer zwischen Menschen und KI. Der Befehl wird vom Nutzer in normaler Sprache in das System eingegeben. Die Writer sorgen dafür, dass eine ganzheitliche Nutzererfahrung entstehen kann und der Computer so antwortet, dass es sich für uns anfühlt, als würden wir ein normales Gespräch führen. Doch wie genau arbeiten Prompt Writer?

Die Prompt Writer erstellen passende Prompts durch eine Kombination von Kreativität und Erfahrung. Ein KI-Sprachmodell hat keinen individuellen Bewusstseinszustand oder spezifische Identität. Es ist ein Algorithmus, der darauf trainiert ist, menschenähnliche Gespräche und Texte zu generieren, basierend auf den Trainingsdaten. Die KI kann deswegen nicht vorhersehen, welche spezifischen Fragen gestellt werden könnten.

Ein Prompt Writer kann aber durch die Kenntnisse der Funktionsweise der KI, Vorhersagen treffen, wie das Modell auf bestimmte Prompts reagieren könnte. Die Vorhersagen beruhen auf dem Verständnis des Sprachmodells, der Stärken und Schwächen sowie auf Mustern, die es während des Trainings gezeigt hat. Die Writer führen auch viele verschiedene Tests und Experimente durch, um besser verstehen zu können, wie das Modell auf verschiedene Arten von Eingaben funktioniert.

Sie nutzen „Prompting“-Tools, um Ideen zu generieren und den kreativen Fluss anzukurbeln. Aber die KI ersetzt nicht ihre eigenen Fähigkeiten, sondern erweitert und unterstützt sie. Die Writer lassen sich aus verschiedenen Quellen inspirieren, wie zum Beispiel Literatur, aktuelle Ereignisse oder persönliche Erfahrungen. Ein essenzieller Bestandteil der Herangehensweise ist aber auch die Neugierde und die offene Wahrnehmung der Welt um sie herum. Jeder Moment des Alltags, sei es ein Gespräch, ein Bild, oder ein Blick aus dem Fenster, kann als Inspiration dienen.

Außerdem muss sich ein guter Writer in die Lage der Nutzer versetzen können und darüber nachdenken, welche Art von Anregung ihnen dabei hilft, ihre Gedanken und Gefühle auszudrücken. Dabei gibt es keine festen Regeln für das Schreiben von Prompts.

Wir können auf die zukünftigen Ergebnisse der Prompt Writer gespannt sein. Denn so gefragt und beeindruckend ihre Arbeit auch ist – der rasante Fortschritt künstlicher Intelligenz könnte ihnen auch schnell wieder zum Verhängnis werden.

PROOF OF CONCEPT

In der heutigen Ära der Digitalisierung steht der Begriff Proof of Concept, kurz PoC, im Mittelpunkt vieler innovativer Projekte. PoC dient als grundlegender Schritt, um die Machbarkeit und Funktionalität einer neuentstandenen Idee oder Technologie zu überprüfen, bevor sie in großem Maßstab implementiert und viel Geld investiert wird.

Es ermöglicht Unternehmen, Risiken zu minimieren, Investitionen zu rationalisieren und sicherzustellen, dass die angestrebten Ziele erreicht werden. Es ist also eine Machbarkeitsstudie. Im IT-Bereich wird häufig ein Prototyp erstellt, der im Rahmen des PoC installiert und eingebunden wird.

Ein Beispiel für den Einsatz von PoC findet sich im Gesundheitswesen. Angenommen, ein Krankenhaus möchte die Effizienz seiner Patientenaufnahme verbessern. Statt sofort eine vollständige Digitalisierung durchzuführen, könnte das Krankenhaus ein PoC durchführen und eine mobile Anwendung entwickeln, die es Patienten ermöglicht, ihren Aufnahmeprozess zu beschleunigen.

Während des PoC würde die Klinik die App an einem ausgewählten Standort testen. Die App ermöglicht den Patienten die Vorregistrierung, die Angabe ihrer Symptome und die Vereinbarung eines Termins. Das Krankenhaus erfasst Daten über die Effizienz, die Zufriedenheit der Patienten und den Zeitaufwand für das medizinische Personal.

Das ermöglicht es dem Krankenhaus, die Wirksamkeit der digitalen Lösung zu bewerten. Es kann feststellen, ob die App die Wartezeiten wirklich reduziert und die Arbeitsbelastung der Mitarbeiter verringert. Darüber hinaus können die technischen Aspekte geprüft werden, wie die Datensicherheit und die Benutzerfreundlichkeit.

Wenn das Krankenhaus feststellt, dass die App positive Ergebnisse erzielt und die angestrebten Ziele erreicht, kann es die Digitalisierung in größerem Umfang umsetzen. Falls das PoC allerdings auf Schwierigkeiten oder Unzulänglichkeiten hinweist, können Anpassungen vorgenommen oder alternative Lösungen in Betracht gezogen werden, bevor größere Investitionen getätigt werden.

PoC bietet einen klaren Weg, um mögliche Risiken zu minimieren, bevor Unternehmen ihre Ressourcen in die Implementierung eines umfassenden digitalen Systems investieren. Es ermöglicht ihnen, ihre Ideen zu validieren, mögliche Herausforderungen zu identifizieren und die Rentabilität ihrer Investitionen zu maximieren.

PoC eröffnet die Tür zu einer zukunftsorientierten Denkweise und fördert nachhaltige Entwicklungen in einer sich ständig verändernden Welt.

QUANTENTECHNOLOGIE

Die Quantentechnologie, eine auf den Prinzipien der Quantenmechanik basierende Technologie, ist dabei, die nächste technologische Revolution auszulösen. Sie hat das Potenzial, viele Bereiche zu verändern, von der Informationsverarbeitung über die Kommunikation bis hin zur Materialwissenschaft.

Quantencomputer sind vielleicht das bekannteste Beispiel für Quantentechnologie. Im Gegensatz zu herkömmlichen Computern, die Informationen in Form von Bits speichern, verwenden Quantencomputer Quantenbits oder Qubits. Diese können sowohl den Zustand 0 als auch 1 gleichzeitig annehmen, was zu einer exponentiellen Steigerung der Rechenleistung führt.

Ein weiterer spannender Bereich der Quantentechnologie ist die Quantenkommunikation. Mit Hilfe von verschränkten Quantenpartikeln können Informationen sicher übertragen werden, da jede Störung sofort erkannt wird. Dies könnte die Art und Weise, wie wir Daten übertragen und sichern, grundlegend verändern.

Trotz des enormen Potenzials der Quantentechnologie gibt es auch Herausforderungen. Die Erzeugung und Kontrolle von Qubits ist technisch anspruchsvoll und erfordert sehr kalte Temperaturen. Zudem sind Quanteninformationen sehr empfindlich gegenüber Störungen aus der Umgebung.

Ein weiteres Problem ist die sogenannte Quantenüberlegenheit, also der Punkt, an dem Quantencomputer herkömmliche Computer in bestimmten Aufgaben übertreffen. Obwohl es Fortschritte gibt, sind wir noch weit davon entfernt, dies für praktische, realweltliche Probleme zu erreichen.

Trotz dieser Herausforderungen ist die Quantentechnologie ein aufregendes und vielversprechendes Feld. Sie hat das Potenzial, unsere Technologie und unser Leben grundlegend zu verändern. Es ist eine spannende Zeit, in der wir Zeugen der nächsten technologischen Revolution werden könnten.

Zusätzlich zu den bereits genannten Anwendungen gibt es noch viele weitere Bereiche, in denen die Quantentechnologie eingesetzt werden könnte. Beispielsweise könnten Quantensensoren genutzt werden, um präzise Messungen durchzuführen, die mit herkömmlichen Sensoren nicht möglich wären. Dies könnte in Bereichen wie der Medizin oder der Geologie von Nutzen sein.

Abschließend lässt sich sagen, dass die Quantentechnologie eine aufregende und vielversprechende Technologie ist, die das Potenzial hat, unser Leben grundlegend zu verändern. Es ist jedoch wichtig, dass wir uns der Herausforderungen bewusst sind und Lösungen finden, um diese zu bewältigen. Nur so können wir sicherstellen, dass die Quantentechnologie ihr volles Potenzial entfalten kann und zu einer Bereicherung unseres Alltags wird.

ROAMING

Als Roaming wird die Nutzung des Mobiltelefons in einem anderen Funknetz bezeichnet. Der Begriff, der wörtlich übersetzt so viel wie „herumschlendern“ bedeutet, ist vor allem Reisenden im europäischen Ausland bekannt. Seit 2017 dürfen hier Mobilfunkbetreiber für das Telefonieren und Surfen nur so viel verlangen, wie der Nutzer in seinem Heimatnetz bezahlt. D.h. zum Beispiel, bei einem entsprechenden Flatrate Tarif für das Internet, bezahlt der Nutzer in der Europäischen Union, auch in fremden Netzen keine Gebühren.

Technisch wird das Roaming seit 1991 durch ein internationales Memorandum weltweit realisiert. Was international also seit 1991 Realität ist, wird allerdings in Deutschland leider weiterhin nicht umgesetzt. Die Einführung des sogenannten National Roaming wird von den hiesigen Mobilfunkbetreibern seit Jahren erfolgreich behindert.

Nur bei der Einführung der E-Plus bzw. O2 Netze gestattete T-Mobile übergangsweise die Nutzung seiner Mobilfunkanlagen im ländlichen Raum. Es ist verrückt und nicht nachvollziehbar, dass alle Gebiete in Deutschland von allen drei, zurzeit in Deutschland tätigen Mobilfunkanbietern, mit Masten oder anderen Mobilfunkanlagen ausgestattet werden müssen. Da dies allerdings noch nicht vollständig Realität ist und wir in Deutschland noch viele echte und unechte Funklöcher haben, würde eine Vereinbarung zum National Roaming für Abhilfe sorgen.

Ein unechtes Funkloch nennt man dabei ein Gebiet, fachlich Polygon genannt, in dem nur ein Mobilfunkanbieter das Netz betreibt und alle Nutzer aus anderen Netzen keinen Empfang haben. Selbst habe ich dies im Frühjahr an der polnischen

Ostseeküste erlebt. In Polen war das Telefonieren und Surfen kein Problem, weil das internationale Roaming perfekt funktioniert.

Auf der Wanderung am Strand in Richtung Ahlbeck verschwanden exakt an der deutschen Grenze die berühmten drei Balken und ein Telefonieren war nicht mehr möglich. Auch an der Deutsch-Österreichischen Grenze ist es sehr auffällig, dass es in Bayern oftmals zu Verbindungsausfällen kommt, in Österreich dann aber eine durchgehende stabile Verbindung, teilweise sogar schon 5G, vorliegt. Aber Vorsicht bei Reisen in das außereuropäische Ausland, dort funktioniert das Roaming auch, es fallen allerdings teils erhebliche Gebühren an. Da hilft es nur, sich eine einheimische Prepaidkarte, die meistens schon an den Flughäfen für ein geringes Entgelt angeboten wird, zu erwerben, um dann zumindest im Internet unbeschwert surfen zu können.

SANDBOX

In der Welt der Informationstechnologie sind die Begriffe Sandbox oder Sandboxing immer häufiger zu hören. Sandboxing ist kein neues Konzept, sondern entstand schon mit der Entwicklung der ersten PC-Systeme. Mithilfe der Sandbox-Technik lässt sich ein isoliertes Testumfeld innerhalb eines Systems erschaffen. Bestimmte Aktionen lassen sich dann durch ein Programm ausführen, ohne dass dieses der Hardware-Schäden zufügen könnte - das Betriebssystem wird vor einem Virus oder fehlerhaftem Code geschützt.

Ähnlich wie ein Sandkasten, begrenzt die Sandbox die Ausbreitung von unerwünschten Effekten, die von einer Anwendung ausgehen könnten. Sandboxing ist aber nicht nur auf Computer und Netzwerke beschränkt, sondern wird auch in anderen Bereichen eingesetzt, wie in der Entwicklung von Anwendungen für Mobilgeräte oder in der Cloud-Sicherheit. Hier können zum Beispiel Apps in einer Sandbox ausgeführt werden, um die Sicherheit der Geräte und der Daten der Benutzer zu erhöhen. In der Cybersicherheit sowie in der Software-Entwicklung gehört die Sandbox mittlerweile zum Standardverfahren und ist vor allem für größere Unternehmen ein guter Schutz vor Cyberangriffen und Systemschäden.

Sandboxing ist eine notwendige Maßnahme, um das Risiko von Schadprogrammen zu minimieren. Diese können auch von harmlos erscheinenden Anwendungen stammen, die unerwartet auf das Betriebssystem zugreifen.

Obwohl Sandboxing zweifellos eine wichtige Rolle bei der Sicherheit von Computern und Netzwerken spielt, gibt es auch Kritik an dieser Methode. Einige argumentieren zum Beispiel, dass Sandboxing die Freiheit von Anwendungen und Benutzern einschränkt. Bestimmte Anwendungen können nur innerhalb der Sandbox ausgeführt werden, was ihre Leistung einschränken kann. Oder es ist unmöglich, Daten zwischen der Sandbox und Produktivsystem zu übertragen.

Die Benutzung einer Sandbox kann auch trügerisch sein, da andere Bedrohungen, außerhalb des Systems nicht mehr ernst genommen werden könnten.

Trotz dieser Bedenken ist es nicht von der Hand zu weisen, dass Sandboxing ein wichtiger Teil der Cyber-Sicherheit ist und die Vorteile gegenüber den Nachteilen überwiegen.

Es ist wichtig, die Grenzen von Sandboxen zu kennen und zu verstehen, sowie ihre Verwendung in einem breiteren Sicherheitskontext zu betrachten. Die beste Verteidigung gegen Bedrohungen bleibt eine umfassende Sicherheitsstrategie, die neben der Verwendung von Sandboxen auch andere Schutzmaßnahmen wie Firewalls und regelmäßige Updates umfasst.

SCAMMING

Die Begrifflichkeit Scamming ist heutzutage leider immer häufiger zu hören, aber die meisten wissen überhaupt nicht, was das genau bedeutet. Scamming wird von zahlreichen Internet-Schwindlern angewendet und heißt frei übersetzt betrügen. Dabei ist das primäre Ziel, die Opfer, um ihr Geld zu erleichtern.

Das Vorgehen dabei ist simpel. Über das Internet nehmen die Kriminellen mit unbekannten Nutzern Kontakt auf und versuchen mit ihnen ein vertrauensvolles Verhältnis aufzubauen. Eine andere Herangehensweise ist, dass sie ihre Opfer mit Erbschaften, Lotteriegewinnen oder anderen finanziellen Anreizen locken. Eine dritte Alternative stellt das Verschicken von gefälschten Rechnungen oder Mahnungen dar, welche per Mail an Unbekannte verschickt werden – eine Malware kann auch Bestandteil einer solchen Mail sein.

Eine der wohl bekanntesten Formen des Scammings wird als „Nigeria-Connection" bezeichnet. Die potenziellen Opfer werden per Mail über hohe Gewinne oder einen fiktiven Millionenbetrag eines verstorbenen Geschäftsmannes benachrichtigt, welcher auf das Konto des Mailempfängers überwiesen werden soll. Bevor das geschehen kann, soll der Empfänger in der Regel eine Gebühr oder Provision zahlen, häufig auch wiederholt. Der Absender meldet sich dann nicht mehr und das Geld ist natürlich auch weg. Die „Nigeria-Connection" funktioniert heutzutage aber nur noch äußerst selten und wird von Internetnutzern oft schnell enttarnt.

Eine besonders perfide Methode ist das, oben bereits kurz angeführte, „Romance-Scamming". Der Weg zum praktizierten Betrug ist hier wesentlich länger und aufwendiger, da der

Täter zunächst eine romantische Beziehung zu der anderen Person aufbaut. Dabei wird eine vermeintlich wahre Liebe vorgetäuscht, wobei sich die Opfer oft unbewusst in eine emotionale Abhängigkeit begeben. Ist dies erstmal der Fall, kommen erste Anzeichen zum Vorschein, dass der vermeintlich neue Partner Geld, beispielsweise für das Flugticket zum ersten Treffen oder eine Operation, benötigt. Auf Grund der vorgetäuschten Vertrautheit, sind die Opfer eher bereit Geld zu zahlen und werden dabei nicht nur finanziell, sondern auch emotional ausgeraubt. Seitdem Dating über das Internet immer beliebter und erfolgsversprechender wird, erlebt diese Masche regelrecht einen Boom.

Scamming kann in allen möglichen Varianten angewandt werden, ob beim Auto, beim Traumjob oder einer Mietwohnung und es ist davon auszugehen, dass sich dies in Zukunft nicht ändern wird. Die potenziellen Opfer lernen, Scamming besser zu erkennen und entsprechend darauf zu reagieren, aber auch die Täter entwickeln ihre Methoden immer weiter, damit sie nicht auf den ersten Blick erkannt werden. Es wäre ein fataler Fehler, Scamming nicht ernst zu nehmen – die Ausprägungen sind sehr vielfältig und weitere dürften sich in Zukunft herauskristallisieren.

SCHADSOFTWARE EMOTET

Emotet ist eine der bekanntesten und gefährlichsten Formen von Malware, die in der digitalen Welt existiert. Ursprünglich als Banking-Trojaner entwickelt, hat sich Emotet zu einer Art "Schweizer Taschenmesser" der Malware entwickelt, das verschiedene Arten von schädlichen Aktivitäten ausführen kann.

Die Digitalisierung hat die Verbreitung und den Einfluss von Emotet ermöglicht. Durch die zunehmende Vernetzung und Abhängigkeit von digitalen Systemen haben Cyberkriminelle mehr Möglichkeiten, Emotet und andere Arten von Malware zu verbreiten. Es verbreitet sich so schnell, indem es Phishing-E-Mails und infizierte Netzwerke nutzt.

Emotet ist besonders gefährlich, weil es sich ständig weiterentwickelt und anpasst, um Entdeckung und Neutralisierung zu vermeiden. Es verwendet ausgeklügelte Techniken, um Antivirenprogramme zu umgehen und sich in Netzwerken zu verbreiten. Darüber hinaus kann es als "Dropper" fungieren, der andere Arten von Malware auf infizierten Systemen installiert.

In Bezug auf die Digitalisierung ist diese Schadsoftware ein Beispiel für die dunkle Seite der Technologie. Während die Digitalisierung viele Vorteile bietet, bringt sie auch neue Herausforderungen und Risiken mit sich, insbesondere in Bezug auf die Cybersicherheit. Es ist wichtig, dass wir uns dieser Risiken bewusst sind und Maßnahmen ergreifen, um sie zu bekämpfen.

Zusätzlich zu diesen Bedenken gibt es mehrere Maßnahmen, die gegen Emotet und ähnliche Arten von Malware ergriffen werden können. Beispielsweise sollte man die eigene Software regelmäßig aktualisieren. Viele Malware-Angriffe, einschließlich Emotet, nutzen Sicherheitslücken in veralteter Software. Daher ist es wichtig, Ihre Betriebssysteme und Anwendungen immer auf dem neuesten Stand zu halten.

Außerdem sind Bildung und Bewusstsein wichtige Punkte. Schließlich ist es wichtig, sich über die neuesten Bedrohungen und Taktiken der Cyberkriminellen zu informieren. Ein informierter Benutzer ist oft die beste Verteidigung gegen Malware.

Emotet stellt ein ernsthaftes Problem in der digitalen Welt dar. Es ist ein Beweis dafür, dass die Digitalisierung, obwohl sie viele Vorteile bietet, auch neue Herausforderungen und Risiken mit sich bringt. Es ist wichtig, dass wir uns dieser Herausforderungen bewusst sind und Maßnahmen ergreifen, um sie zu bekämpfen.

Scrum ist ein Framework oder ein Modell des agilen Projektmanagements, das die Zusammenarbeit in Teams unterstützen soll. aber was ist das agile Projektmanagement?

Es umfasst verschiedene Methoden, die hauptsächlich auf Anpassung und Flexibilität setzen. Anstatt auf eine ausführliche Planung zu Beginn eines neuen Projekts, wird der Fokus stattdessen auf das adaptive Planen und die schnelle Abstimmung zwischen den Projektmitgliedern gelegt.

Die Bezeichnung „Scrum“ kommt ursprünglich vom Rugby und steht für Gedränge. Genau wie bei einem Rugbyteam, welches für den Sieg beim großen Spiel trainiert, werden Teams durch Scrum in die Lage versetzt, durch ihre Erfahrungen zu lernen, Erfolge und Niederlagen zu reflektieren sowie sich bei einer Problemlösung selbst zu organisieren, wobei sie sich kontinuierlich verbessern wollen.

Die Methode des Scrums, soll die zum Teil unflexible und schwerfällige Projektplanung substituieren und das Projektmanagement agiler gestalten. Der Kerngedanke dahinter: wenn Methoden, Vorgehensweisen und Werkzeuge des klassischen Projektmanagements nicht zu den gewünschten Erfolgen führen, dann lassen wir sie einfach weg. Viele Unternehmen vertrauen stattdessen darauf, dass ein erfahrenes Projektteam die vorgeschriebenen Ziele erreichen wird, wenn es die Freiheiten dazu hat. Die Voraussetzung dafür ist lediglich die tägliche Abstimmung der Projektmitarbeiter und der transparente Projektfortschritt.

Das Projekt beim Scrum wird in einer Reihe von Iterationen abgewickelt, die als Projekt-Sprint bezeichnet werden und komplexe Projekte in kleinere Einzelschritte unterteilen.

Ein Sprint ist ein fest definierter Zeitraum, in dem das Projektteam ein bestimmtes Arbeitskontingent erledigen muss. Durch die Gestaltung mit diesen Sprints, kann das Team bessere Ergebnisse liefern. Bei den Projekt Sprints gibt es wieder verschiedene Tools und Methodiken, die bei der Durchführung und Überprüfung der einzelnen Aktivitäten Unterstützung bieten.

Das Framework Scrum bietet sehr viele Vorteile – die Risiken einer Fehlentwicklung werden reduziert, es herrscht eine hohe Transparenz für Stakeholder und die Team-Mitglieder, die schlanken Prozesse führen zu einer schnellen Markteinführung des Produkts. Damit das Projekt gut abgewickelt werden kann, nimmt ein Scrum-Master in jedem Projekt die Moderatoren- und Unterstützungsrolle ein. Sollte Sie das Themengebiet rund um Scrum interessieren, kann ich Ihnen die Zertifizierung als Scrum Master ans Herz legen.

Die Digitalisierung hat unsere Welt grundlegend verändert und das Internet zu einem zentralen Ort für Informationen und Geschäfte gemacht. In dieser digitalen Landschaft konkurrieren Unternehmen um die Aufmerksamkeit der Nutzerinnen und Nutzer. Sie versuchen, ihre Online-Präsenz zu optimieren, um erfolgreich zu sein. Eine entscheidende Strategie, um aus der Masse hervorzustechen, ist Search Engine Optimization, kurz SEO, die Kunst der Suchmaschinenoptimierung.

SEO ist der Schlüssel, um bei den Suchergebnissen von Suchmaschinen, wie beispielsweise Google, auf den obersten Plätzen zu landen. Durch die gezielte Optimierung von Websites können Unternehmen ihre Sichtbarkeit verbessern und mehr qualifizierten Traffic, also möglichst viele Klicks, auf ihre Seiten lenken. Doch was genau verbirgt sich hinter SEO?

Der erste Schritt zu einer erfolgreichen SEO-Strategie ist die gründliche Schlüsselwort-Recherche. Dabei werden die Suchbegriffe identifiziert, die potenzielle Kunden verwenden, um nach bestimmten Inhalten oder Produkten zu suchen. Eine fundierte Kenntnis der Zielgruppe und eine genaue Analyse der Suchtrends sind hier von entscheidender Bedeutung.

Im nächsten Schritt erfolgt die On-Page-Optimierung, bei der die Inhalte und Struktur der Website optimiert werden. Dies umfasst die Optimierung von Titel-Tags, Meta-Beschreibungen, Überschriften, URLs und der internen Verlinkung. Eine klare und gut strukturierte Website, die relevante Schlüsselwörter verwendet, hilft den Suchmaschinen, den Inhalt zu verstehen und die Relevanz für bestimmte Suchanfragen zu erkennen.

Auch die Off-Page-Optimierung spielt eine wichtige Rolle. Hier geht es darum, sogenannte Backlinks, also Links von anderen hochwertigen und vertrauenswürdigen Websites zu erhalten. Je mehr hochwertige Backlinks auf eine Website verweisen, desto höher ist ihre Autorität in den Augen der Suchmaschinen. Das Schaffen von relevanten Inhalten, die natürliche Backlinks anziehen, ist ein zentraler Bestandteil der Off-Page-Optimierung.

Heute ist SEO also eine unverzichtbare Komponente für den Online-Erfolg eines Unternehmens. Eine solide SEO-Strategie ermöglicht es Unternehmen, in den Wettbewerb, um die Aufmerksamkeit der Nutzer einzusteigen und potenzielle Kunden zu gewinnen. Mit kontinuierlicher Überwachung, Anpassung und einer klaren Fokussierung auf die Bedürfnisse der Zielgruppe, kann SEO den entscheidenden Unterschied machen und den Erfolg eines Unternehmens im digitalen Zeitalter maßgeblich beeinflussen.

SHARED SERVICES

In vielen Unternehmen sind Shared Services ein wichtiger Bestandteil der internen Organisation. Dabei handelt es sich um zentrale Einheiten, die bestimmte Aufgaben und Funktionen für verschiedene Abteilungen und Geschäftsbereiche erledigen. Oft sind es administrative Tätigkeiten wie Buchhaltung, Personalwesen oder IT-Support. Hohe Relevanz haben sie insbesondere in Unternehmen, deren Organisation durch dezentrale Verteilung von Produktverantwortung geprägt ist.

Shared Services haben verschiedene Merkmale: Sie sind Dienstleistungen, die von einer selbstständigen Organisationseinheit bereitgestellt werden. Der Begriff „shared" soll aufzeigen, dass diese Dienstleistungen von mehreren Organisationseinheiten in Anspruch genommen werden können.

Durch die Bündelung von Ressourcen und Know-how arbeiten sie effizienter und sparen damit Kosten. Zudem können sie eine höhere Qualität und Standardisierung der Dienstleistungen erreichen, was zu einer höheren Kundenzufriedenheit führt.

Die Skalierbarkeit von Shared Services ist weiterer wichtiger Vorteil, da sie damit schnell auf Veränderungen im Unternehmen reagieren und sich an neue Anforderungen anpassen können.

Allerdings sind Shared Services auch mit einigen Herausforderungen verbunden. Die Einführung und Umsetzung erfordern ein hohes Maß an Planung und Koordination. Die Zusammenarbeit zwischen verschiedenen Abteilungen und Geschäftsbereichen muss ebenfalls gut funktionieren, um die Mehrwerte der Shared Services zu nutzen. Zudem ist es wichtig, eine klare Struktur für die Shared Services zu etablieren, um sicherzustellen, dass sie effektiv und effizient arbeiten.

Ein weiteres Thema, das bei Shared Services häufig diskutiert wird, ist die Frage nach der optimalen Größe und Ausrichtung. Sollen alle unterstützenden Funktionen in einem zentralen Shared Service Center gebündelt werden oder ist eine dezentrale Struktur sinnvoller? Wie viel Standardisierung und Flexibilität sind notwendig, um die verschiedenen Bedürfnisse der Geschäftsbereiche zu erfüllen? Hier gibt es keine allgemeingültige Antwort, jede Organisation muss individuell entscheiden, welche Lösung am besten zu ihren Bedürfnissen und Zielen passt.

Insgesamt bieten Shared Services jedoch eine vielversprechende Möglichkeit, interne Prozesse zu optimieren und die Effizienz im Unternehmen zu steigern. Wenn sie gut geplant, umgesetzt und gemanagt werden, können sie einen wichtigen Beitrag zur erfolgreichen Entwicklung und Wettbewerbsfähigkeit von Unternehmen leisten.

SIEM

Sicherheitsinformationen und Ereignismanagement, besser bekannt unter dem Akronym SIEM, ist ein entscheidender Aspekt der IT-Sicherheit. Aber was genau ist SIEM und wie beeinflusst die Digitalisierung seine Rolle?

Es handelt sich dabei um Technologien, die Echtzeit-Analyse von Sicherheitswarnungen durch Netzwerkanwendungen und -hardware ermöglichen. SIEM-Lösungen sammeln und aggregieren Log-Daten, die in der gesamten IT-Umgebung eines Unternehmens erzeugt werden - von Netzwerk- und Sicherheitsgeräten bis hin zu Anwendungen und Servern.

Die Hauptfunktionen von SIEM umfassen das Sammeln und Speichern von Informationen, das Erkennen und Beheben von Bedrohungen sowie das Erstellen von Berichten. Durch die Analyse dieser Daten können SIEM-Systeme Muster erkennen, die auf potenzielle Sicherheitsverletzungen hinweisen.

Die Digitalisierung hat die Notwendigkeit von SIEM-Systemen verstärkt. Mit der zunehmenden Verlagerung von Geschäftsprozessen in die digitale Welt wächst auch die Menge an Daten, die Unternehmen produzieren und speichern. Diese Daten können ein attraktives Ziel für Cyberkriminelle sein. Daher ist es entscheidend, dass Unternehmen in der Lage sind, ihre Daten effektiv zu schützen.

Darüber hinaus hat die Digitalisierung die Art und Weise verändert, wie Unternehmen arbeiten. Mit immer mehr Geräten, die mit dem Internet verbunden sind, gibt es mehr Eintrittspunkte für potenzielle Angriffe. SIEM-Systeme können dabei helfen, diese Bedrohungen zu erkennen und zu bekämpfen.

Zusätzlich zu den oben genannten Punkten, spielen SIEM-Systeme auch eine wichtige Rolle bei der Einhaltung von Vorschriften. Viele Branchen unterliegen strengen Vorschriften, was den Umgang mit Daten betrifft. SIEM-Systeme können dabei helfen, den Nachweis zu erbringen, dass ein Unternehmen diese Vorschriften einhält.

Ein weiterer wichtiger Aspekt von SIEM ist die Fähigkeit, auf Vorfälle zu reagieren. Wenn ein SIEM-System eine potenzielle Bedrohung erkennt, kann es automatisierte Aktionen auslösen, um den Vorfall zu beheben. Dies kann das Blockieren einer IP-Adresse, das Abschalten eines Systems oder das Senden einer Benachrichtigung an das Sicherheitsteam beinhalten.

Insgesamt ist SIEM ein komplexes, aber unverzichtbares Werkzeug für die IT-Sicherheit. Mit der fortschreitenden Digitalisierung wird seine Rolle nur noch wichtiger werden. Unternehmen, die ihre SIEM-Systeme effektiv nutzen, sind besser in der Lage, ihre Daten zu schützen und auf Bedrohungen zu reagieren. Dies ist in der heutigen digitalen Welt von unschätzbarem Wert.

SIX SIGMA

Six Sigma ist eine, seit Mitte der 1980er Jahren etablierte Methode zur Verbesserung von Prozessen und Minimierung von Fehlern in der Produktion. Ursprünglich von Motorola entwickelt, hat sie sich zu einer verbreiteten digitalen Strategie entwickelt, die von Unternehmen auf der ganzen Welt angewendet wird.

Das Besondere an Six Sigma ist der mathematische Ansatz, der unter der Anwendung analytischer und statistischer Methoden funktioniert. Jeder Geschäftsprozess wird als mathematische Funktion beschrieben. Durch den griechischen Buchstaben Sigma wird rechnerisch die Standardabweichung einer Grundgesamtheit präsentiert und mit Hilfe von Kennzahlen die Performance von Prozessen messbar gemacht. Die Anzahl der Abweichungen von den Zielwerten eines Prozesses, soll so weit wie möglich reduziert werden, um Fehler bei einem Produkt zu vermeiden. Dadurch sollen die Kundenerwartungen übertroffen werden, so der Gedanke dahinter.

In der Regel wird Six Sigma in der industriellen Produktion und Fertigung eingesetzt, die Methode kann aber auch in allen anderen Branchen angewendet werden.

Der Verbesserungsprozess nach Six Sigma ist ein systematisches 5-Phasenmodell, kurz: DMAIC-Cycle, Deutsch: definieren, messen, analysieren, verbessern und kontrollieren.

Die Rollenbezeichnungen in der Six Sigma Methodik beruhen auf Begriffen asiatischer Kampfsportarten und enden mit dem Wort „Belt“ (Gürtel). So bezeichnet man beispielsweise die Unterstützer der Projektleitung als Yellow Belts, die Projektleiter selbst als Green oder Black Belts. Als Master Black

Belt benennt man den Six Sigma Prozessverantwortlichen in einer Organisation.

Obwohl es viele erfolgreiche Six Sigma Implementierungen gibt, kommt es auch zu kritischen Stimmen, die insbesondere den starren Fokus auf Kostensenkungen und den Mangel an Kreativität thematisieren. Gerade bei größeren Unternehmen kommt es darüber hinaus durch die Einführung von Six Sigma oftmals zu höherer Bürokratie.

Erfolgreiche Unternehmen wie Amazon oder General Electric beweisen allerdings, dass eine effiziente und weitestgehend digitale Anwendung von Six Sigma zu Kosteneinsparungen in Milliardenhöhe, bei gleichzeitiger Steigerung der Kundenzufriedenheit führen kann. Die Bank of America konnte durch Six Sigma ihre Abläufe bei der Hypothekenbearbeitung automatisieren, zeitlich verkürzen und somit das Kundenerlebnis stark verbessern.

Six Sigma, eine Verbesserungsmethode, deren Implementierungsaufwand sich allerdings nur bei größeren Unternehmen lohnt.

SKIMMING

Es ist ein alltägliches Bild: Beim Bezahlen an der Kasse ziehen wir unsere Kredit- oder EC-Karte durch das Lesegerät und innerhalb weniger Sekunden ist die Transaktion abgeschlossen. Doch dieses scheinbar bequeme Zahlungsverfahren birgt ein nicht zu unterschätzendes Risiko – Skimming.

Skimming bezeichnet das illegale Ausspähen von Daten mittels präparierter Kartengeräte. Dabei wird ein Gerät über das Originallesegerät gestülpt, das die Kartendaten beim Bezahlen ausliest und speichert. Oft sind diese manipulierten Geräte kaum von den originalen Lesegeräten zu unterscheiden. Die gespeicherten Kartendaten werden dann von den Tätern genutzt, um damit Geld abzuheben oder Einkäufe zu tätigen.

Skimming ist keine neue Methode, schon seit Jahren ist sie bekannt und wird von Kriminellen genutzt, um an Kreditkartendaten zu gelangen. Doch gerade in Zeiten, in denen immer mehr Menschen bargeldlos bezahlen und die Anzahl der Kartenzahlungen stetig steigt, wird das Risiko des Skimmings immer größer. Denn je häufiger und selbstverständlicher wir unsere Karten nutzen, desto einfacher wird es für die Täter, an unsere Kartendaten zu gelangen.

Doch wie kann man sich vor Skimming schützen? Zunächst einmal gilt es, aufmerksam zu sein und verdächtige Geräte oder Auffälligkeiten am Lesegerät zu bemerken. Hierzu zählen beispielsweise lose Teile am Gerät oder ein ungewöhnlich sperriger Kartensteckplatz. Wer solche Besonderheiten bemerkt, sollte sofort die Polizei oder den Betreiber des Lesegeräts informieren.

Eine weitere Schutzmöglichkeit ist der Einsatz von Karten mit einem sogenannten EMV-Chip. Diese Chips sind deutlich sicherer als herkömmliche Magnetstreifen und können nicht so einfach kopiert werden. Auch das Vermeiden von bargeldlosen Zahlungen an unsicheren Orten oder Bankautomaten kann das Risiko des Skimmings reduzieren.

Ein weiterer wichtiger Faktor ist das Bewusstsein der Verbraucher. Viele wissen gar nicht, dass Skimming existiert. Hier ist vor allem die Aufklärung durch die Banken und andere Institutionen gefragt. Auch eine verstärkte Sensibilisierung in Schulen und anderen Bildungseinrichtungen kann dazu beitragen, dass das Bewusstsein für das Thema Skimming gestärkt wird. Banken und Betreiber von Lesegeräten müssen ihre Sicherheitsvorkehrungen ebenfalls verstärken, um Skimming zu verhindern. Hierzu zählen beispielsweise regelmäßige Überprüfungen der Geräte sowie der Einsatz von Verschlüsselungstechnologien und anderen Sicherheitsvorkehrungen.

SMART CITY

Die Zukunft der Städte liegt in der Technologie. Smart Cities, ein Begriff, der immer häufiger in Diskussionen über Stadtplanung und Nachhaltigkeit auftaucht, sind das ultimative Ziel für moderne Metropolen. Aber was genau macht eine Stadt „smart"?

Eine Smart City nutzt digitale Technologien und das Internet der Dinge, um die Lebensqualität ihrer Bewohner zu verbessern, effizientere städtische Dienstleistungen zu erbringen und die Umweltauswirkungen zu reduzieren. Sie nutzt Sensoren und Datenanalyse, um Verkehrsströme zu optimieren, Energie effizient zu nutzen und Notdienste effektiver zu machen. Aber es geht nicht nur um Technologie. Smart Cities erfordern auch eine Veränderung in der Art und Weise, wie wir Städte planen und verwalten. Smart Cities sind mehr als nur ein Konzept - sie sind eine Notwendigkeit in unserer immer stärker vernetzten Welt. Mit der zunehmenden Urbanisierung und dem Bevölkerungswachstum müssen Städte Wege finden, um effizienter und nachhaltiger zu werden.

Ein Beispiel für eine Smart City ist Singapur. Mit seinem „Smart Nation"-Programm hat Singapur eine Reihe von Initiativen eingeführt, um Technologie zur Lösung städtischer Herausforderungen zu nutzen. Dazu gehören intelligente Verkehrssysteme, die Staus reduzieren, und Sensoren, die den Wasserverbrauch überwachen, um Verschwendung zu minimieren.

Aber Smart Cities sind nicht nur auf Technologie beschränkt. Sie erfordern auch eine „smarte" Bevölkerung, die bereit ist, neue Technologien anzunehmen und zu nutzen. Bildung und digitale Kompetenz sind daher entscheidend für den Erfolg von Smart Cities. Darüber hinaus spielen Smart Cities eine entscheidende Rolle bei der Bewältigung des Klimawandels. Durch den Einsatz von Technologien zur Überwachung und Steuerung des Energieverbrauchs können Städte ihren CO2-Fußabdruck reduzieren und einen Beitrag zur Erreichung der globalen Klimaziele leisten.

Es gibt jedoch auch Herausforderungen. Datenschutz und Sicherheit sind große Bedenken, da Smart Cities auf der Sammlung und Analyse von Daten beruhen. Es ist wichtig, dass Städte Richtlinien implementieren, um die Privatsphäre ihrer Bürger zu schützen und die Sicherheit ihrer Daten zu gewährleisten.

Trotz dieser Herausforderungen bieten Smart Cities enorme Möglichkeiten. Sie haben das Potenzial, unsere Städte effizienter, nachhaltiger und lebenswerter zu machen. Mit der richtigen Planung und Umsetzung könnten Smart Cities der Schlüssel zur Lösung einiger der größten Herausforderungen unserer Zeit sein, von der Überbevölkerung bis zum Klimawandel.

SMART FACTORY

In den letzten Jahren hat sich ein neuer Begriff in den Vordergrund geschoben: die Smart Factory. Der Name lässt sich ins Deutsche als intelligente Fabrik übersetzen und ist Teil der Industrie 4.0. Jede der drei vorherigen industriellen Revolutionen wurde ausgelöst durch eine neue innovative Technologie, wie z. B. die Dampfmaschine.

Die derzeitige wird angetrieben durch intelligente Automatisierung und digitale Transformationen. Smart Factory ist eine hochmoderne Produktionsstätte, in der Technologien wie das IoT, KI und maschinelles Lernen nahtlos miteinander verschmelzen und sich selbst organisieren. In den eigentlichen Produktionsprozess muss der Mensch dann nicht mehr eingreifen. Statt einfacher Routinearbeit übernimmt der Mensch die Funktion der Kontrolle und der Optimierung der Abläufe.

Das Ziel? Die Herstellung von Gütern in bisher ungeahnter Effizienz, Qualität und Anpassungsfähigkeit.

Zentraler Bestandteil ist die Vernetzung. Schon seit Jahrzehnten werden Robotik und Automatisierung in Fertigungsprozessen eingesetzt, durch die Smart Factory werden sie aber erstmals miteinander verbunden und aufeinander abgestimmt. Mensch, Big Data und Maschine werden in einem vernetzen, digitalen System zusammengeführt.

Die Vorteile erstrecken sich über die gesamte Wertschöpfungskette. Die automatisierte Datenerfassung ermöglicht nicht nur eine bessere Qualitätskontrolle, sondern auch eine vorausschauende Wartung von Maschinen.

Die Kommunikation zwischen den Produkten und Maschinen erfolgt durch Chips, die in jedes Bauteil eingebaut werden.

So können die Smart Products kommunizieren und mitteilen, in welcher Produktionsstufe sie sich befinden. Die Steuerung der verschiedenen Produktionsschritte erfolgt mit Hilfe dieser Informationen, bis hin zum gewünschten Endprodukt.

Neben den betrieblichen Vorteilen trägt die Smart Factory auch zur Nachhaltigkeit bei – Ressourcen werden effizienter genutzt und Abfälle minimiert. Energieverbrauch und Umweltauswirkungen können besser überwacht und reduziert werden.

Die Sicherheit von Daten und die Abwehr von Cyberangriffen sind hierbei von größter Bedeutung. Die Integration neuer Technologien erfordert eine kontinuierliche Schulung der Mitarbeiter, um sicherzustellen, dass sie die neuen Systeme effektiv nutzen können.

Die Smart Factory ein Paradebeispiel dafür, wie Technologie die industrielle Produktion transformieren kann. Die Zukunft der Produktion ist keine Vision mehr – sie ist bereits in vollem Gange.

SMART FARMING

Die Landwirtschaft steht vor einer Revolution, die als "Smart Farming" oder "Precision Agriculture" bekannt ist. Diese Technologie nutzt fortschrittliche Technologien wie das Internet der Dinge, künstliche Intelligenz und Big Data, um die Effizienz und Nachhaltigkeit der landwirtschaftlichen Praktiken zu verbessern.

Smart Farming ermöglicht es Landwirten, präzise Entscheidungen über die Bewirtschaftung ihrer Betriebe zu treffen. Sensoren können Bodenfeuchtigkeit, Temperatur, Nährstoffgehalt und andere wichtige Parameter überwachen. Diese Daten werden dann analysiert, um den optimalen Zeitpunkt für die Aussaat, Bewässerung und Ernte zu bestimmen.

Ein weiterer Vorteil von Smart Farming ist die Möglichkeit, Ressourcen effizienter zu nutzen. Durch die genaue Bestimmung des Wasser- und Düngemittelbedarfs können Landwirte Abfall reduzieren und gleichzeitig die Produktivität steigern. Dies ist nicht nur gut für den Gewinn, sondern auch für die Umwelt.

Darüber hinaus kann es dazu beitragen, die Herausforderungen der globalen Ernährungssicherheit zu bewältigen. Mit der wachsenden Weltbevölkerung und dem Klimawandel wird es immer wichtiger, nachhaltige und effiziente landwirtschaftliche Praktiken zu entwickeln.

Es gibt jedoch auch Herausforderungen bei der Implementierung von Smart Farming. Dazu gehören hohe Anfangsinvestitionen, mangelnde technische Kenntnisse und Bedenken hinsichtlich des Datenschutzes. Es ist wichtig, dass diese Probleme angegangen werden, um das volle Potenzial von Smart Farming zu nutzen.

Drohnentechnologie spielt eine immer wichtigere Rolle im Smart Farming. Sie können große Flächen schnell abdecken und hochauflösende Bilder liefern, die zur Überwachung der Pflanzengesundheit, zur Erkennung von Schädlingen und Krankheiten und zur Optimierung der Bewässerung verwendet werden können.

Automatisierte Traktoren und Roboter können Aufgaben wie Aussaat, Bewässerung, Düngung und Ernte übernehmen. Diese Technologien können die Effizienz steigern, Arbeitskosten senken und die Arbeitsbelastung für Landwirte reduzieren.

Satellitenbilder und GPS-Daten können verwendet werden, um detaillierte Karten von landwirtschaftlichen Flächen zu erstellen. Diese Karten können Landwirten helfen, die Bodenqualität und Ertragspotenziale auf ihren Feldern besser zu verstehen.

Smart Farming kann dazu beitragen, den ökologischen Fußabdruck der Landwirtschaft zu reduzieren. Durch die effizientere Nutzung von Ressourcen und die Reduzierung von Abfällen können Landwirte ihre Betriebe nachhaltiger gestalten.

Smart Farming ist mehr als nur eine technologische Innovation. Es ist eine grundlegende Veränderung in der Art und Weise, wie wir Lebensmittel produzieren und Ressourcen verwalten. Es hat das Potenzial, die Landwirtschaft zu revolutionieren und uns dabei zu helfen, einige der größten Herausforderungen unserer Zeit zu bewältigen. Es ist an der Zeit, dass wir diese Technologien umarmen und in die Zukunft der Landwirtschaft investieren.

Das Konzept des Smart Home ist nicht neu, aber die Technologie hat in den letzten Jahren erhebliche Fortschritte gemacht. Heute können wir mit unseren Häusern sprechen, sie hören zu und lernen von uns. Sie passen sich an unsere Bedürfnisse an und machen unser Leben komfortabler.

Ein Smart Home ist ein vernetztes Zuhause, in dem Geräte und Systeme über das Internet miteinander kommunizieren und interagieren. Von der Beleuchtung und Heizung bis hin zu Sicherheitssystemen und Haushaltsgeräten kann fast alles in einem Smart Home automatisiert und ferngesteuert werden.

Die Vorteile eines Smart Home sind vielfältig. Energieeffizienz steht dabei oft im Vordergrund. Intelligente Thermostate und Lichtsysteme können den Energieverbrauch optimieren und so Kosten sparen. Sicherheit ist ein weiterer wichtiger Aspekt. Aber ein Smart Home bietet mehr als nur Komfort und Sicherheit. Es kann auch dazu beitragen, die Lebensqualität zu verbessern. Für ältere Menschen oder Menschen mit Behinderungen kann Smart-Home-Technologie die Unabhängigkeit erhöhen und den Alltag erleichtern.

Trotz der vielen Vorteile gibt es auch Herausforderungen. Datenschutz und Sicherheit sind große Bedenken. Es ist wichtig, dass Hersteller und Verbraucher diese Fragen ernst nehmen und Lösungen finden, um die Privatsphäre und Sicherheit der Nutzer zu gewährleisten.

Zusätzlich zur Automatisierung von Alltagsaufgaben kann ein Smart Home auch als zentrale Steuerungseinheit für alle verbundenen Geräte dienen. Dies ermöglicht es den Bewohnern, alle Aspekte ihres Zuhauses von einem zentralen Ort aus zu steuern, sei es durch Sprachbefehle, eine mobile App oder ein zentrales Bedienfeld.

Ein weiterer wichtiger Aspekt des Smart Home ist die Integration von künstlicher Intelligenz. Durch maschinelles Lernen und Datenanalyse kann ein Smart Home Muster im Verhalten der Bewohner erkennen und seine Funktionen entsprechend anpassen. Dies kann von der Anpassung der Raumtemperatur an die Vorlieben der Bewohner bis hin zur Vorhersage von Wartungsbedarf bei Haushaltsgeräten reichen.

Trotz der vielen Vorteile und Möglichkeiten, die ein Smart Home bietet, ist es wichtig zu bedenken, dass diese Technologie auch Herausforderungen mit sich bringt. Neben Fragen des Datenschutzes und der Sicherheit gibt es auch technische Herausforderungen, wie die Kompatibilität von Geräten verschiedener Hersteller oder die Notwendigkeit einer stabilen und schnellen Internetverbindung.

Abschließend lässt sich sagen, dass das Smart Home eine aufregende und vielversprechende Technologie ist, die das Potenzial hat, unser Leben grundlegend zu verändern. Es ist jedoch wichtig, dass wir uns der Herausforderungen bewusst sind und Lösungen finden, um diese zu bewältigen. Nur so können wir sicherstellen, dass das Smart Home sein volles Potenzial entfalten kann und zu einer Bereicherung unseres Alltags wird.

SMART METER

Smart Meter, auch intelligente Stromzähler genannt, sind ein wesentlicher Bestandteil der digitalen Transformation im Energiesektor. Sie ermöglichen eine detaillierte Erfassung und Überwachung des Energieverbrauchs in Echtzeit und bieten damit sowohl für Verbraucher als auch für Energieversorger erhebliche Vorteile.

Für Verbraucher bieten Smart Meter die Möglichkeit ihren Energieverbrauch besser zu verstehen und zu steuern. Sie können sehen, wann und wo sie am meisten Energie verbrauchen und können so gezielte Maßnahmen zur Energieeinsparung ergreifen. Dies kann zu erheblichen Kosteneinsparungen führen und gleichzeitig einen Beitrag zum Klimaschutz leisten. Ein weiterer wichtiger Aspekt von Smart Metern ist die Interoperabilität und Integration mit anderen Systemen. Smart Meter können mit anderen Smart-Home-Geräten, Energiemanagementsystemen und sogar mit dem Stromnetz selbst kommunizieren. Dies ermöglicht eine noch effizientere Nutzung von Energie und eröffnet neue Möglichkeiten für innovative Dienstleistungen und Geschäftsmodelle.

Für Energieversorger ermöglichen Smart Meter eine effizientere Netzsteuerung und -überwachung. Sie können Lastspitzen besser erkennen und steuern und können so die Stabilität des Netzes gewährleisten. Zudem ermöglichen Smart Meter neue Geschäftsmodelle, wie zum Beispiel flexible Tarife, die auf dem tatsächlichen Verbrauch basieren.

Datenschutz und Datensicherheit sind zentrale Herausforderungen bei der Einführung von Smart Metern. Es muss sichergestellt werden, dass die Verbrauchsdaten der Kunden sicher sind und nicht missbraucht werden können. Dies erfordert strenge Sicherheitsmaßnahmen und klare Datenschutzrichtlinien.

Auch Regulierungsbehörden spielen eine wichtige Rolle bei der Einführung von Smart Metern. Sie müssen geeignete Rahmenbedingungen schaffen, um den Einsatz von Smart Metern zu fördern und gleichzeitig den Datenschutz und die Datensicherheit zu gewährleisten. Letztendlich spielen die Verbraucher eine entscheidende Rolle bei der erfolgreichen Einführung von Smart Metern. Es ist wichtig, dass Verbraucher über die Vorteile von Smart Metern aufgeklärt werden und dass sie wissen, wie sie diese Technologie nutzen können, um ihren Energieverbrauch zu optimieren und Kosten zu sparen.

Insgesamt bieten Smart Meter jedoch ein enormes Potenzial für die Energiewende und die Digitalisierung des Energiesektors. Sie sind ein wichtiger Schritt auf dem Weg zu einem intelligenten und nachhaltigen Energiemanagement.

SMART SERVICES

Die digitale Transformation generiert große Datenmengen im Bereich der Produkte und klassischer Dienstleistungen auf Anbieter- und Nachfrageseite. Diese stellen die Grundlage für die Entwicklung neuer datenbasierter Dienstleistungen dar. Denn durch die Kombination und Analyse verschiedener Daten können intelligente Dienste, sogenannte Smart Services, entwickelt werden.

Smart Services oder auf deutsch intelligente Serviceleistungen, sind die am weitesten entwickelte Stufe von datenbasierten, digitalen Dienstleistungsangeboten. Sie sind individuell nach Kundenvorgaben konfigurierbar und basieren auf vernetzten, smarten Systemen, wobei die Nutzer im Mittelpunkt stehen.

Eine wichtige Rolle spielen auch digitale Plattformen, hier werden Produkte virtuell abgebildet, kombiniert, mit zusätzlichen digitalen Diensten veredelt und als Smart Services angeboten. Sie bestehen in der Regel aus physischen und smarten Bestandteilen, also mechanische und elektronische Elemente sowie digitale Dienste.

Vor allem in der Industrie sind heute Smart Services schon Realität, beispielsweise sensorgestützte Technik zum Vorhersagen von Ausfällen bei Maschinen. Auch im Bauwesen werden Sensoren eingebaut, um zum Beispiel Risse an Mauerwerken oder Rohren zu erkennen, bevor sie größere Schäden anrichten.

Das Ziel der Smart Services ist, Produktionsprozesse technisch intelligent zu automatisieren, um Fehler und Kosten zu minimieren. In der Wirtschaft, Wissenschaft und Politik werden Smart Services immer bedeutender.

Die Bundesregierung unterstützt diese Entwicklung seit Jahren mit mehreren Förderprojekten. Die Programme sollen die deutsche Industrie dabei unterstützen, in Sachen Digitalisierung den Anschluss an die Weltspitze nicht zu verlieren.

Aber nicht nur in der Industrie werden Smart Services immer wichtiger, sondern auch in unserem Alltag werden sie immer häufiger, oft sehr umstritten, eingesetzt. So wird beispielsweise durch KFZ-Versicherungen korrektes Fahren belohnt, unterstützt durch zahlreiche technische Systeme und das permanente Sammeln von Daten.

Oder denken Sie an Ihre smarten Armbanduhren, mit denen Ihre Gesundheitsdaten an die Krankenversicherungen für potenzielle Bonuspunkte gesendet werden. Über diese neuen Geschäftsmodelle lässt sich streiten, nicht aber über die grundsätzlichen Vorteile von Smart Services, die die Lebensverhältnisse von uns allen verbessern werden. Denn Technik ist weder gut noch böse, es kommt darauf an, was wir daraus machen.

Informationen sind heutzutage im Überfluss vorhanden, deswegen ist es von hoher Bedeutung schnell und effizient auf die benötigten Informationen zugreifen zu können. An dieser Stelle kommen Snippets ins Spiel - diese kleinen Textausschnitte haben eine erstaunliche Bedeutung für unser tägliches digitales Leben.

Snippets, zu deutsch „Schnipsel", sind kurze Texte oder Fragmente von Inhalten, die aus umfangreicheren Texten extrahiert werden. Diese Fragmente sind oft diejenigen Teile, die als relevant erachtet werden, um eine Zusammenfassung oder eine Vorschau des Gesamtinhalts bereitzustellen. Snippets können in verschiedenen Kontexten auftauchen, am häufigsten aber in Suchmaschinen-Ergebnissen.

Wenn man eine Suchmaschine, wie zum Beispiel Google, verwendet, gibt man normalerweise Stichwörter oder eine Frage ein und die Suchmaschine gibt eine Liste von Ergebnissen zurück. Die kurzen Beschreibungen, die unter den Suchergebnissen angezeigt werden, sind Snippets. Sie sollen einen Eindruck davon vermitteln, welcher Inhalt auf der verlinkten Seite zu erwarten ist. Für die potenziellen Besucher der Website sind sie meist entscheidend, ob die Seite aufgerufen wird oder nicht.

Für Website-Betreiber sind sie also von großer Bedeutung. Es ist wichtig, relevante und ansprechende Snippets zu erstellen, die die Aufmerksamkeit der Suchenden auf sich ziehen. Die Snippets werden aber selbstständig von der Suchmaschine erzeugt. Dafür nutzen sie normalerweise die Meta-Tags und Description, die im HTML-Code hinterlegt sind, aber auch die URL der Zielseite. Je nach Ausgestaltung der Suchmaschine, wird aus einem Snippet ein Featured- oder Rich Snippet gemacht. Diese unterscheiden sich vom normalen Snippet vor allem im Aufbau – beim Rich Snippet können beispielsweise Bilder und Links zusätzlich eingebaut werden. Featured Snippets sind in einer gesonderten Box angeordnet und geben eine konkrete Antwort auf eine Suchanfrage, durch einen kurzen Satz oder Definition.

Snippets sind auch in der Welt der Programmierung von großer Bedeutung. In diesem Kontext sind sie kurze, wiederverwendbare Code-Ausschnitte. Entwickler können auf sie zurückgreifen, um bestimmte Funktionen oder Aufgaben zu erfüllen, ohne den Code von Grund auf neu schreiben zu müssen. Dies beschleunigt die Entwicklung und reduziert Fehler.

Diese kleinen Schnipsel helfen uns, Informationen schnell zu finden und zu verstehen. Ob in Suchmaschinen-Ergebnissen oder in der Programmierung, sie sind unverzichtbare Werkzeuge.

SOCIAL SELLING

An einem traditionellen Verkaufsprozess sind zwei Personen beteiligt. Eine, die was verkauft und jemand, dem etwas verkauft wird. Dabei wird auf die Standardstrategie der Kaltakquise zurückgegriffen, um Leads zu generieren und zu echten Verkaufsabschlüssen zu konvertieren.

Hierbei gibt es einen Haken – die Kaltakquise erreicht bestenfalls eine Erfolgsrate von drei Prozent, weil die Vertriebsmitarbeiter so gut wie nichts über ihre Interessenten wissen. In unserer heutigen digitalisierten Welt gibt es einfachere und effektivere Wege, um mit Interessenten in Verbindung zu treten.

Hier kommt Social Selling ins Spiel und bietet für beide Parteien entscheidende Vorteile. Aber was ist das eigentlich?

Social Selling ist ein Vertriebsansatz, bei dem es darum geht, sich mit Hilfe des geschäftlichen Online-Profils einen Namen zu machen, um die Sales-Pipeline mit richtigen Interessenten sowie Kontakten und relevanten Informationen zu füllen. Man tritt über die Nutzung der Social-Media-Kanäle mit den potenziellen Käufern in Kontakt und baut eine Beziehung zu ihnen auf. Es ist also ein moderner Beziehungsaufbau. Für den Vertriebsmitarbeiter geht es dabei darum, den potenziellen Kunden zu erkennen und mit ihm online in Kontakt zu treten. Der Interessent nutzt das geschäftliche Netzwerk, um während des Entscheidungsprozesses Vertrauen zu bilden und Hilfe für seine Kaufentscheidung zu finden.

Es geht also nicht darum, Fremde unaufgefordert mit Tweets und privaten Nachrichten zu bombardieren. Es geht vielmehr darum, die Interaktion sinnvoll zu gestalten und die Marke als Lösung für ein Problem zu präsentieren. Beispielsweise bauen einige Unternehmen die Beziehung zu Kunden auf, indem sie Beiträge dieser proaktiv kommentieren oder auf Kommentare von Nutzern antworten.

Social Selling tritt auf ganz verschiedenen Kanälen auf, am meisten bei Instagram, Twitter und LinkedIn. Um zu wissen, wie gut das eigene Unternehmen in Bezug auf Social Selling abschneidet, kann man sich den Social SellingIndex (SSI) ansehen. Dieser wurde 2014 von LinkedIn entwickelt und kombiniert vier Komponenten, um eine Punktzahl zu ermitteln. Dabei sieht er sich beispielsweise an, ob das Unternehmen eine professionelle Marke mit einem gut geführten LinkedIn-Profil aufbaut, die richtigen Kunden findet und zu ihnen Beziehungen festigt.

Obwohl der Schwerpunkt von Social Selling nicht auf den direkten Verkaufsabschlüssen liegt, ist dies der Schlüssel zu Unternehmenswachstum und Umsatzsteigerungen und deswegen heutzutage nicht mehr wegzudenken.

TELEMEDIZIN

Die Telemedizin hat das Potenzial, die Gesundheitsversorgung zu revolutionieren. Sie ermöglicht es Ärzten, Patienten über große Entfernungen hinweg zu behandeln, und bietet Zugang zu medizinischen Dienstleistungen für Menschen in abgelegenen oder unterversorgten Gebieten.

Die Telemedizin nutzt digitale Technologien, um medizinische Informationen auszutauschen und Gesundheitsdienstleistungen zu erbringen. Sie umfasst eine Vielzahl von Anwendungen und Dienstleistungen, darunter Telekonsultationen, Telediagnostik, Telemonitoring und Telechirurgie.

Die Vorteile der Telemedizin sind vielfältig. Sie kann die Zugänglichkeit von Gesundheitsdienstleistungen verbessern, die Effizienz der Gesundheitsversorgung steigern, Kosten senken und die Patientenzufriedenheit erhöhen. Sie kann auch dazu beitragen, die Gesundheitsversorgung in ländlichen und abgelegenen Gebieten zu verbessern, wo der Zugang zu medizinischen Dienstleistungen oft eingeschränkt ist.

Aber die Telemedizin bringt auch Herausforderungen mit sich. Dazu gehören technische Probleme, Datenschutz- und Sicherheitsbedenken, regulatorische Fragen und die Notwendigkeit, das Vertrauen der Patienten zu gewinnen. Es ist wichtig, diese Herausforderungen anzugehen, um das volle Potenzial der Telemedizin auszuschöpfen.

Die Telemedizin ist ein aufregendes und vielversprechendes Feld, das das Potenzial hat, die Gesundheitsversorgung zu transformieren. Aber es ist auch ein komplexes Feld, das sorgfältige Planung und Durchführung erfordert. Es ist wichtig, dass wir die Chancen nutzen, die die Telemedizin bietet, und gleichzeitig die damit verbundenen Herausforderungen angehen.

Die Telemedizin ist mehr als nur eine Technologie. Sie ist eine neue Art, Gesundheitsdienstleistungen zu erbringen, die das Potenzial hat, die Gesundheitsversorgung zu verbessern und das Leben von Patienten zu verbessern. Aber um dieses Potenzial zu realisieren, müssen wir sicherstellen, dass wir die Telemedizin auf eine Weise nutzen, die sicher, effektiv und patientenzentriert ist.

TRENCHING

Trenching, ein Begriff, der in der Bau- und Telekommunikationsbranche weit verbreitet ist, bezeichnet das Graben von schmalen Gräben, um Rohre, Kabel oder andere Infrastrukturen zu verlegen. Es ist eine Methode, die sowohl in städtischen als auch in ländlichen Gebieten eingesetzt wird und eine wichtige Rolle bei der Entwicklung und Modernisierung unserer Gesellschaft spielt.

Die Trenching-Technologie hat sich im Laufe der Jahre weiterentwickelt. Früher wurden Gräben manuell mit Schaufeln und Spitzhacken gegraben, was sowohl zeitaufwändig als auch arbeitsintensiv war. Heute werden jedoch spezielle Maschinen, sogenannte Trencher, eingesetzt. Diese können Gräben in verschiedenen Breiten und Tiefen graben und dabei sogar harte oder felsige Böden bewältigen.

Trenching ist nicht nur effizient, sondern auch umweltfreundlich. Durch diese Verwendung wird der Boden nur minimal gestört, was die Umweltauswirkungen reduziert. Außerdem ermöglicht Trenching die Verlegung von Infrastrukturen ohne größere Beeinträchtigungen für die umliegenden Gebiete.

Die Digitalisierung hat einen erheblichen Einfluss auf das Trenching und die Infrastrukturverlegung im Allgemeinen. Mit dem Aufkommen des Internets und der digitalen Technologien ist der Bedarf an zuverlässigen und schnellen Netzwerkverbindungen gestiegen. Dies hat zu einem Anstieg der Trenching-Aktivitäten geführt, da immer mehr Glasfaserkabel verlegt werden müssen, um die digitale Konnektivität zu gewährleisten. Darüber hinaus hat die Digitalisierung auch die Techniken und Ausrüstungen verbessert. Moderne Trencher sind mit GPS- und GIS-Systemen ausgestattet, die eine präzise Navigation und Kartierung ermöglichen. Dies erleichtert die Planung und Durchführung von Trenching-Projekten und minimiert das Risiko von Schäden an bestehenden Infrastrukturen. Die Digitalisierung hat auch zur Entwicklung von Trenchless-Technologien geführt, die das Graben von Gräben überflüssig machen. Diese Technologien, wie z.B. die horizontale Richtbohrtechnik, ermöglichen die Verlegung von Kabeln und Rohren unter der Erdoberfläche, ohne die Oberfläche zu stören. Dies ist besonders nützlich in städtischen Gebieten, wo das Graben von Gräben oft nicht praktikabel ist.

Insgesamt hat die Digitalisierung das Trenching effizienter, sicherer und umweltfreundlicher gemacht. Sie hat auch dazu beigetragen, die digitale Kluft zu überbrücken und den Zugang zu digitalen Diensten für mehr Menschen zu ermöglichen.

URL

Eine kurze, aber aussagekräftige Zeichenfolge hat in der digitalen Landschaft, in der verschiedene Websites und Ressourcen nebeneinander existieren, eine entscheidende Rolle bei der Verknüpfung von Menschen und Information gespielt – die URL. Dank ihrer bescheidenen Ursprünge und ihrer erstaunlichen Entwicklung hat sie die Digitalisierungsrevolution, die unser Leben immer noch verändert, maßgeblich beeinflusst.

Einst waren URLs schlicht und einfach. Sie bestanden aus einem Domänennamen, einem Pfad zu einer bestimmten Webseite und einer Protokollkennung, wie z. B. „http://“. Diese URLs erfüllten ihre Aufgabe gut, aber es wurde schnell klar, dass eine bessere und dynamischere Adressierung erforderlich war.

Wir befinden uns jetzt im Zeitalter der personalisierten und angepassten URLs. Eine URL repräsentiert eine Organisation oder Person auf einzigartige Weise und nicht nur als eine Liste von Buchstaben und Zahlen. Dies hilft den Nutzern nicht nur, sich an seine Website zu erinnern und sie leicht zu finden, sondern vermittelt auch ein Gefühl von persönlichen Markenkennzeichnungen.

Außerdem sind die klassischen Top-Level-Domains „.com“ und „.org“ nicht mehr die einzigen Optionen, die zur Verfügung stehen. Diese Domänenerweiterungen, die von „.tech“ bis „.store“ reichen, ermöglichen es Unternehmen und Personen, ihre Online-Präsenz auf eine bestimmte Branche oder Nische abzustimmen.

Ein Technologie-Blog könnte zum Beispiel eine „.tech“-Domain wählen, um sein Fachwissen und seine Bedeutung zu unterstreichen.

Im Zeitalter der Digitalisierung haben auch die dynamischen URLs zugenommen, mit denen Inhalte sofort abgerufen und geändert werden können. Dies hat ein intensives und interaktives Web-Erlebnis möglich gemacht. Beispielsweise auf einer Website für Reisebuchungen, auf der für jede Suche des Nutzers eine eigene URL erstellt wird. Die Website kann die Suchergebnisse dynamisch umgestalten, indem sie der URL entsprechende Kriterien hinzufügt, so dass es für die Nutzer einfach ist, ihre Ergebnisse mit anderen zu teilen und erneut aufzurufen.

Die URLs werden sich weiter verändern, bei der derzeitigen Veränderungsdynamik wahrscheinlich immer schneller. Es ist möglich, dass URLs Komponenten der erweiterten und der virtuellen Realität enthalten werden, die den Menschen in ihrem Webbrowser immersive Erfahrungen ermöglichen. Diese Entwicklungen werden die Art und Weise verändern, wie wir mit Informationen umgehen und wie die physische und die digitale Welt voneinander getrennt werden.

VERBOT VON TIKTOK?

TikTok ist eine der am schnellsten wachsenden Social-Media-Plattformen der Welt. Mit über einer Milliarde aktiver Nutzer und täglich mehr als einer halben Milliarde Videoaufrufen ist sie ein echtes Phänomen.

TikTok ist eine Social-Media-App des chinesischen Herstellers ByteDance, die es ermöglicht, kurze Videos zu erstellen und mit anderen Nutzern zu teilen. Die Videos können dabei bis zu 60 Sekunden lang sein und verschiedene Arten von Inhalten abdecken, darunter Comedy, Tanz, Bildung und vieles mehr. Um die Videos interessanter erscheinen zu lassen, hat die App eine breite Palette von Tools und Effekten.

TikTok hat eine einzigartige und faszinierende Wirkung auf seine Nutzer, da sie es möglich macht, sich in kürzester Zeit eine große Fangemeinde in der ganzen Welt aufzubauen. Außerdem kann man über die App sein Leben und seine Erfahrungen auf eine neue und kreative Art und Weise ausdrücken. Die Plattform ist auch bekannt für ihre Viralität, was bedeutet, dass Inhalte schnell und weit verbreitet werden.

Die App ist vor allem bei Kindern und Jugendlichen sehr beliebt, allerdings wird sie auch mit viel Kritik konfrontiert. Viele Länder haben große Sicherheitsbedenken, da die Plattform angeblich für Spionagezwecke der chinesischen Regierung genutzt werden könnte. Diese Vorwürfe wurden zwar bislang nicht durch öffentliche Beweise belegt, allerdings befürchten zahlreiche Staaten, dass Nutzerdaten durch die chinesische Regierung missbraucht und so die öffentliche Meinung manipuliert werden könnte. Aus diesem Grund planen sie die App zu verbieten oder sind diesen Schritt bereits gegangen.

Die USA, EU und Kanada haben in den letzten Tagen die App auf Dienstgeräten ihrer Regierungen verboten. In den USA wurde die App bereits in vielen Bundesstaaten auf Geräten von öffentlichen Einrichtungen und in dutzenden Universitäten verboten. In der EU müssen EU-Angestellte die App auf ihrem Dienstgerät bis zum 30. März deinstalliert haben. In Indien ist die App bereits seit 2020 vollständig verboten.

TikTok muss nun signifikante Zugeständnisse machen, um das Misstrauen und den Druck der verschiedenen Regierungen zu verringern. Wenn nicht, drohen zahlreiche Maßnahmen, wie weitere Verbote in Ländern oder auch der mögliche Verkauf an ein US-Unternehmen.

Bei den heutigen Konfliktsituationen gerade zwischen den USA und China, ist es sehr schwierig einzuschätzen, wie gefährlich Plattformen wie TikTok wirklich sind, oder ob es sich um rein wirtschaftspolitische Maßnahmen handelt.

VORRATSDATENSPEICHERUNG

Am Dienstag dieser Woche hat der Europäische Gerichtshof wiederholt die deutsche Praxis bei der Vorratsdatenspeicherung, kurz VDS, als mit Europäischen Recht nicht vereinbar beurteilt.

Bei der VDS handelt es sich um die Erhebung und Speicherung personenbezogener Daten auf Vorrat, ohne einen expliziten Speicherungsgrund. Für alle deutschen Telekommunikationsanbieter gilt die Verpflichtung, bestimmte Kommunikationsdaten, auch Metadaten genannt, für mehrere Wochen zu speichern und auf berechtigte Anfrage an die öffentlichen Stellen wie Polizei und Bundesnachrichtendienst herauszugeben.

Gespeichert werden beispielsweise Standort, Zeitpunkt, IP-Adresse und Rufnummer bei Aufnahme eines Telefonats oder bei SMS/MMS-Nachrichten auch Sende- und Empfangszeiten. Mit der VDS möchten Ermittlungsbehörden bei Verdachtsfällen einen Einblick erhalten, wer mit wem, zu welchem Zeitpunkt und in welcher Form in Kontakt getreten ist – das heißt die Verbindungsdaten werden erfasst, jedoch nicht der konkrete Inhalt des Gesprächs.

Seit Jahren wird in Deutschland versucht, europaweit geltende Richtlinien auch hier einzuführen, bis jetzt mit mäßigem Erfolg. Bereits 2007 gab es einen Gesetzesentwurf, welcher 2008 als Gesetz in Kraft trat, aber bereits 2010 vom Bundesverfassungsgericht für verfassungswidrig erklärt wurde.

In der derzeitigen Koalition gibt es auch nach dem Urteil weiterhin Streit darüber, ob eine anlasslose VDS vertretbar und notwendig sei, und wenn ja, mit welchen technischen Möglichkeiten sie rechtskonform eingeführt werden kann.

Auch wenn die VDS dazu beitragen soll, Kriminalität zu bekämpfen, ist sie sehr kritisch zu sehen, da sie diese natürlich nicht gänzlich verhindern kann und durch die verdachtsunabhängige Speicherung alle Menschen unter Generalverdacht stellt.

Im Koalitionsvertrag ist eine Nachfolgelösung der VDS vorgesehen. Bundesinnenministerin Faeser setzt sich zum Ziel, die VDS schnellstmöglich im Kampf gegen sexuellen Kindesmissbrauch wieder einzuführen. Allerdings bedarf es dafür, wie das Urteil des EUGH beweist, eines alternativen Vorgehens, da die bisherige anlasslose Speicherung dem Datenschutz und dem Grundgesetz widerspricht.

Als mögliche Alternativen gelten das Quick-Freeze-Verfahren und die Login-Falle. Bei beiden Verfahren wird ein Zugriff auf Verbindungsdaten oder IP-Adressen erst anlassbezogen ermöglicht. Es bleibt also abzuwarten, zu welchen Kompromiss die Koalitionäre kommen, digitale Möglichkeiten gibt es jedenfalls.

WEARABLES

Wearables, tragbare Technologien, sind in den letzten Jahren zu einem festen Bestandteil unseres Alltags geworden. Von Fitness-Trackern und Smartwatches bis hin zu Augmented-Reality-Brillen - Wearables verändern die Art und Weise, wie wir mit Technologie interagieren.

Die Idee hinter Wearables ist einfach: Technologie sollte nicht nur benutzt, sondern getragen werden. Sie sollte ein nahtloser Teil unseres Lebens sein, der uns hilft, besser zu leben, zu arbeiten und zu spielen.

Ein großer Vorteil von Wearables ist ihre Fähigkeit, Gesundheits- und Fitnessdaten in Echtzeit zu sammeln. Mit einem Fitness-Tracker am Handgelenk können wir unsere Schritte zählen, unseren Schlaf überwachen und sogar unseren Herzschlag verfolgen. Diese Daten können uns helfen, gesündere Entscheidungen zu treffen und unser Wohlbefinden zu verbessern.

Aber Wearables sind mehr als nur Fitness-Tracker. Sie sind auch leistungsstarke Kommunikationswerkzeuge. Mit einer Smartwatch können wir Anrufe entgegennehmen, Nachrichten senden und auf das Internet zugreifen, alles, ohne unser Smartphone aus der Tasche zu holen.

Wearables stehen jedoch noch am Anfang ihrer Entwicklung. Mit Fortschritten in der Technologie, insbesondere in den Bereichen Akkulaufzeit, Konnektivität und künstliche Intelligenz, werden Wearables immer leistungsfähiger und vielseitiger.

Die Zukunft der Wearables ist aufregend. Wir könnten Wearables sehen, die unsere Gesundheit noch genauer überwachen, uns dabei helfen, produktiver zu arbeiten oder uns sogar in virtuelle Welten eintauchen lassen. Eines ist sicher: Wearables sind hier, um zu bleiben, und sie werden die Art und Weise, wie wir Technologie nutzen, weiterhin verändern.

Die Diskussion um Wearables ist ein Spiegelbild unserer Zeit, in der die Grenzen zwischen der physischen und der digitalen Welt immer mehr verschwimmen. Es ist ein faszinierendes Konzept, das uns dazu zwingt, über die Zukunft der Technologie und ihre Auswirkungen auf unser Leben nachzudenken.

In einer Welt, in der immer mehr unserer Interaktionen online stattfinden, bieten Wearables die Möglichkeit, diese Erfahrungen zu bereichern und zu erweitern. Sie bieten die Möglichkeit, neue Welten zu erkunden, neue Menschen zu treffen und neue Erfahrungen zu machen, die in der physischen Welt nicht möglich wären.

Aber es stellt uns auch vor Herausforderungen. Wie stellen wir sicher, dass Wearables für alle zugänglich sind? Wie schützen wir die Privatsphäre der Menschen in einer Welt, in der immer mehr unserer Interaktionen digital sind? Und wie stellen wir sicher, dass Wearables ein Ort sind, der für alle sicher und einladend ist?

Diese Fragen sind nicht einfach zu beantworten, aber sie sind wichtig, wenn wir das volle Potenzial von Wearables ausschöpfen wollen. Denn letztendlich sind Wearables mehr als nur eine technologische Innovation - sie sind eine Vision für die Zukunft der digitalen Interaktion.

DIE LETZTE DIGITALKOLUMNE

Was am 05. Februar 2021 mit der Kolumne über die Einführung der ePA begann, findet heute mit den letzten 2.500 Zeichen ihren vorläufigen Abschluss. 143 Kolumnen zur Digitalisierung, in den meisten Fällen jeweils zu einem aktuellen Anlass. Ich hoffe, ich konnte Sie als regelmäßige Leser der Thüringer Allgemeine mitnehmen auf eine faszinierende Reise durch die digitale Welt, um die unterschiedlichsten Facetten der Digitalisierung zu erkunden. Von den Begriffen AVATAR bis zur 2-Faktor-Authentifizierung habe ich jede Woche versucht, Ihnen einfache oder komplexere Themen der Digitalisierung näher zu bringen.

Das Thema der ersten Kolumne, die elektronische Patientenakte, kurz ePA, zog sich zugleich als eines der zentralen Themen durch die Kolumnen. In einer Welt, in der Gesundheitsdaten einen immer höheren Stellenwert einnehmen, diskutierten wir die Chancen und Risiken der digitalen Vernetzung im Gesundheitswesen. Die ePA wurde dabei nicht nur als technologischer Fortschritt betrachtet, sondern auch als Wegbereiter für eine effizientere und individualisierte Patientenversorgung.

Mittlerweile könnten wir die Kolumne ePA 5.0 schreiben, da die vollständige Einführung nun, nach mindestens 25 Jahren Entwicklungsarbeit, für den 01.01.2025 geplant ist. Diese große Zeitspanne zeigt zugleich die gegensätzliche Entwicklung in der Digitalisierung. Während im privaten Umfeld digitale Neuerungen wie selbstverständlich sofort genutzt werden, tun wir uns mit der Digitalisierung in der öffentlichen Verwaltung in Deutschland ungleich schwerer. In Deutschland nutzen ca. 25 Millionen Menschen sogenannte Wearables, also

Smartwatches oder Fitness-Tracker, ca. 60 Millionen(!) Deutsche nutzen angeblich Amazon, jeden Tag werden tausende neue Versicherungsverträge abgeschlossen, bei denen es Rabatte für die Bereitstellung von persönlicher Nutzerdaten gibt. Im Gegenzug entdecken wir bei Themen wie die ePA, der Corona App oder anderen staatlichen Digitalprojekten regelmäßig den Datenschutz bzw. finden andere Ausreden, warum das nichts werden kann.

Insgesamt haben wir aus meiner Sicht in Deutschland einen zu negativen Blick auf die Digitalisierung. Ich hoffe, durch die vergangenen knapp drei Jahre Erklärungen zu digitalen Begriffen dazu beigetragen zu haben, diesen Blick etwas ins Positive zu lenken. Denn eines steht fest: Die Chancen der Digitalisierung überwiegen den Risiken! Bleiben Sie daher immer neugierig gegenüber neuen digitalen Entwicklungen und bleiben Sie insbesondere bei kritischen Meldungen gelassen. Der technische Fortschritt hat sich in der Geschichte der Menschheit immer durchgesetzt und oftmals scheinbar unlösbare Probleme letztendlich gelöst.

Wer uns weiterhin auf der digitalen Reise begleiten möchte, den lade ich auf die Seite *www.bessermachen.de* ein und im Frühjahr 2024 erscheint dann die Sammlung aller Kolumnen als Buch. Ich wünsche Ihnen ein friedliches, digital-neugieriges und gelassenes 2024!